Margery (Gred)

Eine Geschichte aus dem alten Nürnberg

(Band 1)

Georg Ebers

(Übersetzerin: Clara Bell)

Writat

Diese Ausgabe erschien im Jahr 2024

ISBN: 9789359947082

Herausgegeben von
Writat
E-Mail: info@writat.com

Inhalt

ANMERKUNG DES ÜBERSETZERS:

Bei der Übersetzung dessen, was eine Abschrift der Sprache Nürnbergs im 15. Jahrhundert ins moderne Deutsch sein soll, habe ich keinen Versuch unternommen, die englische Phraseologie aus derselben Zeit nachzuahmen. Die Schwierigkeit wäre für den Autor tatsächlich unüberwindbar und der Ärger für den Leser fast ebenso groß.

Ich habe lediglich versucht, im Wesentlichen moderne Wörter und Redeformen zu vermeiden.

EINFÜHRUNG:

„PIETRO GIUSTINIANI, Kaufmann aus Venedig." Dies war die Unterschrift, die der kleine Antiquar in der Stadt St. Mark, von dem ich ein paar genähte Manuskriptblätter kaufte, auf seiner Quittung angebracht hatte. Was für ein Name und Titel!

Als ich die Pracht seiner Abstammung erwähnte, klopfte er sich auf die Tasche und rief halb stolz, halb klagend:

„Ja, sie hatten viel Geld; aber was ist daraus geworden?"

„Und haben Sie keine Aufzeichnungen über ihre Taten?" Ich fragte den kleinen Mann, der selbst einen Schnurrbart mit steifen Militärspitzen trug.

„Ihre Taten!" wiederholte er verächtlich. „Ich wünschte, sie wären bei ihrem Streben nach Ruhm weniger eifrig gewesen und hätten ihre Geldangelegenheiten besser gehandhabt! – Armes Kind!"

Und er zeigte auf die kleine Marietta, die zwischen den alten Büchern spielte und mit der ich bereits eine Freundschaft geschlossen hatte. An diesem Tag zeigte sie ein seltsames Fortsatz in ihren Ohrläppchen, bei dem ich bei näherer Betrachtung feststellte, dass es sich um eine Zwirnschnur handelte.

Der hübsche dunkle Kopf des Kindes lag vertraulich an meinem Arm und als ich mit meinen Fingern dieses einzigartige Schmuckstück befühlte, hörte ich hinter dem kleinen Schreibtisch am Ende der Theke die schrille Stimme ihrer Mutter mit klagendem Akzent: „Aye, Herr, es ist eine Schande in einer Familie, die der Kirche drei Heilige geschenkt hat – den Heiligen Nikolaus, die Heilige Anna und die Heilige Eufemia, alle drei Giustinianis , wie Sie wissen – in einer Familie, deren Söhne mehr als einmal den Hut eines Kardinals getragen haben – das Eine Mutter, Herr, sollte gezwungen sein, ihr eigenes Kind zu lassen – Aber Sie lieben das Kleine, Herr, wie es hier alle sind. Heh, Marietta! Was würden Sie sagen, wenn der Herr Ihnen ein Paar Ohren schenken würde? -Ringe, jetzt; Ohrringe aus echtem Gold meine ich? Faden für Ohrringe, Sir, in den Ohren eines Giustiniani ! Es ist absurd, absurd, monströs; und ein rechtdenkender Gentleman wie Sie, Sir, wird es niemals leugnen Das."

Wie könnte ich einen solchen Hinweis ignorieren; und als ich die Frau des Altertumsforschers befriedigt hatte, konnte ich mit einigem Stolz darüber nachdenken, dass ich mich als Wohltäter einer Familie betrachten könnte, die sich ihrer Abstammung vom Kaiser Justinian rühmte, die man die „Fabia gens" von Venedig genannt hatte, und in Sein Tag hatte der Republik große Generäle, weitsichtige Staatsmänner und bewundernswerte Gelehrte beschert.

Als ich schließlich die Stadt verlassen musste und mich von dem Kuriositätenhändler verabschiedete, drückte er mir mit tief empfundenem Bedauern die Hand; und obwohl die Signora Giustiniani , während sie ein ziemlich dickes Bündel Papiergeld einsteckte, mich mit dem freundlichen Mitleid ansah, das eine gute Frau immer bereit ist, den Unerfahrenen zu erweisen, besonders wenn sie jung sind, lag das zweifellos daran Das Manuskript, das ich erworben hatte, sah so heruntergekommen aus. Die Ränder des dicken alten Nürnberger Papiers waren von Mäusen und Insekten zerfressen, an vielen Stellen fielen von den Gelben Seiten schwarze Flecken wie Zunder; Tatsächlich waren viele Passagen der einst klaren Schrift so völlig verblasst, dass ich kaum noch hoffte, sie durch die Kunst des Chemikers wieder lesbar zu machen. Der Inhalt des Dokuments war jedoch so interessant und bemerkenswert, so einzigartig in Bezug auf die Zeit, als es geschrieben wurde, dass er meine Aufmerksamkeit unwiderstehlich fesselte und ich beim Studium die halbe Nacht zum Tag machte. Es gab neun separate Teile. Bis auf das allerletzte befanden sich alle in derselben Hand und schienen ein einziges Buch gebildet zu haben, bevor sie auseinandergerissen wurden. Der Einband und die Titelseite gingen verloren, aber am Kopf der ersten Seite standen in großen Buchstaben die Worte: „Das Buch meines Lebens." Dann folgte eine lange Passage in groben Versen, die ganz diesem Zweck entsprach.

„Was wir mit wachem Auge sehen
, kann nach unserem Urteil niemals lügen, und was wir durch Sinn und Sehkraft gewinnen. Wird Teil von Seele und Gehirn. Schauen Sie sich in der Welt um, in der Sie wohnen, und leben Sie auch nicht wie eine Schnecke in Ihrem Schneckenhaus." ; Und wenn du Seine Welt richtig siehst, wird Der Herr dir doppeltes Sehen gewähren. Denn auch wenn dein Geist und deine Seele klein sind, wenn du sie nur für die ganze weite Welt öffnest, werden sie diese herrlichen Dinge erweitern, um sie zu verstehen. Wenn Herz und Das Gehirn ist groß in der Liebe. Der Mensch ist dem Herrn oben am ähnlichsten. Schauen Sie mit geduldigem Auge zu Ihm auf, nicht auf Ihre eigene Gebrechlichkeit. In frommem Vertrauen vergessen Sie für andere nur Mühe und Ärger, denn alles, was wir für unsere Mitmenschen mit recht gutem Willen tun, soll unser Gewinn sein. Was, wenn das Volk dich Narr nennen sollte? Kümmere dich nicht darum, sondern handle nach der Regel der Tugend, Verachtung und Flüche lass sie schleudern, Gottes Segen beschützt dich vor ihrem Stachel. Grau ist mein Kopf, aber jung mein Herz; Bevor ich in Nürnberg abreise, schreibe ich, Kinder und Enkelkinder, dieses Buch für euch, und es ist wahr."

MARGERY SCHOPPER.

Unterhalb der Verse beginnt der Text der Erzählung mit den Worten: „Im Jahr unseres Herrn M/CCCC/lx/VI dyd fing ich an, in deinem zu schreiben

." Lytel Boke thys Geschichte meines Lebens , wie ich es mir vorgestellt habe lyued es.

In ihrem zweiundsechzigsten Lebensjahr begann die Schriftstellerin erstmals, ihre Erinnerungen aufzuschreiben. Dies wird im weiteren Verlauf klarer, kann aber aus den ersten Zeilen auf der zweiten Seite entnommen werden, die so beginnt:

> „Ich, Margery Schopper , wurde im Jahr unseres Herrn M/CCCC/IV an einem Mittwoch nach ‚Palmarum' Sonntag , vier Stunden nach Mydnyght , geboren . Mein Onkel Kristan Bei meiner Taufe war Pfinzing für mich der Gottesgeschwister . Mein Vater, Gott sei Dank , war Franz Schopper , genannt der Sänger. Er färbte an einem Montag nach „Laetare" –[Der vierte Sonntag in der Fastenzeit.]– Sonntag M/CCCC/IV. Und er musste sich an Kristine Peheym wenden Whyche war mein Moderator . Auch sie hat meine Brüder Herdegen und Kunz Schopper gesungen . Mein Moderator starb in der Nachtwache von Seint Kateryn M/CCCC/V. So wurde ich von meinem Moderator befreit Warum bist du noch ein Baby? auch der Herr brachte dich Mitleid mit mir in der Gnade deiner Gnade. Er hat meinen Vater aus deiner Gnade gerissen Welt , bevor ich jemals das Licht von Dai gesehen habe .

Diese wenigen Zeilen, die ich in dem kleinen Antiquarladen las, verrieten mich in mein Verderben; denn in meiner Freude, das Tagestagebuch einer deutschen Hausfrau vom Anfang des fünfzehnten Jahrhunderts zu finden, floss mein Herz über; Alle Klugheit vergessend, lachte ich laut und rief „großartig", „wunderbar", „was für ein Schatz!" Aber es hätte jede menschliche Kraft überstiegen, sprachlos dazustehen, denn als ich weiter las, fand ich Dinge, die meine kühnsten Erwartungen weit übertrafen. Die Autorin dieser Seiten hatte sich nicht wie die anderen Chronisten ihrer Zeit und ihrer Heimatstadt – etwa Ulman Stromer , Andres Tucher und ihre Kollegen – damit begnügt, bemerkenswerte Tatsachen ohne jeglichen Zusammenhang, die Familienangelegenheiten, Ausgabenposten usw. aufzuzeichnen kaufmännische Maßnahmen ihrer Zeit; Sie hatte klar und offen alles aufgezeichnet, was ihr von ihrer Kindheit bis zum Ende ihres Lebens widerfahren war. Diese Margery hatte einige der künstlerischen Begabungen ihres Vaters geerbt; Er wird in Ulman Stromers berühmter Chronik erwähnt , in der von ihm als „der Sänger" gesprochen wird. Ihre Kühnheit verdankte sie jedoch ihrer Mutter, denn sie war eine Behaim , Cousine des berühmten Reisenden Behaim von Schwarzbach , dessen Mutter nachweislich aus der Familie Schopper stammte , Tochter von Herdegen Schopper .

Im Laufe einer Woche hatte ich nicht nur das Manuskript gelesen, sondern auch einen Großteil dessen abgeschrieben, was mir besonders erhaltenswert erschien, einschließlich der Verse. Ich hatte später allen Grund, froh darüber zu sein, dass ich mir damals beim Reisen so viel Mühe gegeben hatte; denn ein grausames Unglück ereignete sich in dem Koffer, in dem das Manuskript zusammen mit anderen Büchern und einigen Schätzen verpackt war und den ich auf dem Seeweg nach Hause geschickt hatte. Das Schiff, das sie transportierte, strandete an der Elbmündung und mein kostbares Manuskript kam bei dem Untergang kläglich ums Leben.

Schoppers jüngerem Bruder handgeschrieben war , hatten – wie auf der letzten Seite vermerkt – ihren Weg nach Venedig gefunden, im Besitz von Margerys Urenkel, der das große Handelshaus vertrat von Im Hoff auf dem Fondaco , und der schließlich in der Stadt St. Mark starb. Als diese berühmte Firma zerschlagen wurde, wurden die Papiere von ihrem Umschlag getrennt und fielen schließlich in die Hände des Kuriositätenhändlers, von dem ich sie gekauft hatte. Und nachdem sie vier Jahrhunderte lang Reisen an Land, Brandgefahr, die Verwüstung durch Würmer und die Rücksichtslosigkeit des Menschen überstanden hatten, fielen sie schließlich der zerstörerischen Gewalt der Wellen zum Opfer; aber mein Gedächtnis leistete mir hinsichtlich des Inhalts gute Dienste und war auf mein Geheiß hin sofort bereit, mir bei der Wiederherstellung der gelesenen Erzählung behilflich zu sein. Die kopierten Teile waren eine wertvolle Hilfe und die Fantasie konnte die Lücken schließen; Und obwohl es zweifellos nicht gelungen ist, Margery Schoppers Memoiren Satz für Satz und Wort für Wort wiederzugeben , ist es mir im Großen und Ganzen gelungen, mit ziemlicher Genauigkeit alles zu übertragen, was sie selbst für würdig gehalten hatte, aus der Vergessenheit gerettet zu werden. Darüber hinaus habe ich die Wiederholung der Sprechweise im fünfzehnten Jahrhundert vermieden, als Deutsch gerade erst als Schriftsprache verwendet wurde, da Gelehrte, Schriftsteller und Literaten stets die lateinische Sprache für jedes große oder elegante intellektuelle Werk wählten . Die Ausdrücke der Erzählerin wären nur für wenige Auserwählte verständlich, und ich hätte meiner Margery Unrecht getan, wenn ich die Ideen und Beschreibungen, deren Bedeutung ich vollkommen verstand, in der ungeschickten Form belassen hätte, die sie ihnen gegeben hatte. Die Sprache ihrer Zeit ist ein Spiegel, dessen unebene Oberfläche für moderne Augen leicht das schönste Bild in verschwommenen oder verzerrten Linien widerspiegeln könnte. Vieles, was mich in ihren Beschreibungen am meisten anzog, wird in meinen seinen besonderen Reiz verloren haben; Ob ich sie immer richtig ergänzt habe, das muss offen bleiben.

Ich habe versucht, mich in den Geist und die Seele meiner Margery hineinzuversetzen und ihre Geschichte mit gelegentlicher Ausweitung in einem vertrauten Stil zu wiederholen, jedoch mit einer Wortwahl, die zum

Datum ihrer Erzählung passt. So habe ich alles verewigt, was sie aus ihrem warmen Herzen und ihrem eifrigen Gehirn heraus für ihre Nachkommen festhalten wollte; wenn auch oft nur in Umrissen und gebrochenen Sätzen, immer noch in der Sprache ihrer Zeit und ihrer Heimatprovinz.

KAPITEL I.

Ich, MARGERY SCHOPPER, wurde im Jahr unseres Herrn 1404, am Dienstag nach Palmsonntag, geboren. Mein Onkel Christan Pfinzing von der Burg, ein Witwer, dessen Frau eine Schopper gewesen war , hielt mich am Taufbecken fest. Mein Vater, Gott sei seine Seele, war Franz Schopper , bekannt als Franz der Sänger. Er starb in der Nacht des Montags nach dem Laetare-Sonntag im Jahr 1404, und seine Frau, meine Mutter, Gott segne sie, deren Name Christine war, wurde als Behaim geboren ; sie hatte ihm meine beiden Brüder Herdegen und Kunz mitgebracht und starb am Vorabend des Katharinentages 1404; So dass ich meine Mutter verlor, als ich noch ein kleines Kind war, und Gott es auch mit mir kaum zu tun hatte, als er meinen Vater in seiner Barmherzigkeit zu sich nahm, bevor ich jemals das Licht sah.

Anstelle eines liebevollen Vaters, wie andere Kinder ihn haben, hatte ich nur ein Grab auf dem Kirchhof und den guten Bericht von denen, die ihn gekannt hatten; und ihrem Bericht zufolge muss er eine wirklich fröhliche und liebenswerte Seele und ein guter Geschäftsmann gewesen sein, sowohl in seinen eigenen Angelegenheiten als auch in denen, die die Stadt betrafen. Er wurde „der Sänger“ genannt, weil er, selbst als Mitglied des Stadtrats, süß und würdig auf der Laute singen konnte. Diese Kunst erlernte er in der Lombardei, wo er in Padua gelebt hatte, um dort Jura zu studieren; und sie sagen, dass seine Musik ihm unter diesen ausgefallenen Leuten einen reichen Lohn in der Liebe der italienischen Damen und Mädchen einbrachte. Er war ein beliebter Mann von stattlicher Statur und angenehm anzusehen, wie mein Bruder Herdegen , sein ältester Sohn, bezeugt, da allgemein gesagt wird, dass er das lebendige Abbild seines gesegneten Vaters sei; und ich, die jetzt eine alte Frau bin, kann frei gestehen, dass ich selten einen Mann gesehen habe, dessen blaue Augen unter seiner Stirn heller leuchteten oder dessen goldenes Haar sich dichter über Hals und Schultern lockte als das meines Bruders in seiner Glanzzeit glückliche Jugend.

Er wurde zur Osterzeit geboren und der Allmächtige segnete ihn mit einem fröhlichen Gemüt, wie er es nur einem Sonntagskind schenkt. Auch er beherrschte die Kunst des Singens, und da mein anderer Bruder, mein Spielkamerad Kunz, ebenfalls eine Vorliebe für Musik und Gesang hatte, gab es in unserem verwaisten und mutterlosen Haus immer ein Pfeifen und Spielen, als wäre es ein Nest fröhlicher Heuschrecken, und dort herrschte mehr kindliche Fröhlichkeit und fröhliche Fröhlichkeit als in manch anderem Haus, das sich über die Gegenwart von Vater und Mutter freut. Und ich war dem Allmächtigen immer wirklich dankbar, dass es so war; Denn wie ich oft gesehen habe, ist das Leben von Kindern, denen die Liebe einer Mutter fehlt, wie ein Tag, an dem die Sonne von Gewitterwolken verdeckt wird. Aber der barmherzige Gott, der seine Hand auf das Herz unserer Mutter legte, erfüllte das einer anderen Frau mit einem Schatz der Liebe zu mir und meinen Brüdern.

Unsere Cousine Maud, eine kinderlose Witwe, übernahm die Verantwortung für uns. Als Dienstmädchen und bevor sie ihren verstorbenen Ehemann geheiratet hatte, war sie in meinen Vater verliebt gewesen und hatte dann zu meiner Mutter wie einer Heiligen vom Himmel aufgeschaut, sodass sie keine größere Freude haben konnte, als uns Geschichten über unsere zu erzählen Eltern; und wenn sie das tat, waren ihre Augen voller Tränen, und jedes Wort, das direkt aus ihrem Herzen kam, fand seinen Weg direkt zu unserem; Und als wir drei da saßen und ihr zuhörten, waren außer ihren beiden Augen bald noch sechs weitere Augen da, die so nass waren, dass sie ein Taschentuch brauchten.

Ihr Gang war schwerfällig und unbeholfen, und ihr Gesicht schien aus grobem Holz gehauen worden zu sein, so dass es ein geeignetes Gesicht war, um Kindern Angst zu machen; Schon als sie jung war , sagte man ihr, ihr Aussehen sei zu männlich und reizlos, und aus diesem Grund achtete mein Vater nie auf ihre Liebe zu ihm; aber ihre Augen waren wie offene Fenster, und aus ihnen schaute alles heraus, was gut und gütig und liebevoll und wahrhaftig war, wie Engel in ihrem Inneren. Wegen dieser Augen hast du alles andere vergessen, all das war rau an ihr, und ihre breite Nase mit der tiefen Delle genau in der Mitte und solche Haare auf ihrer Lippe, um die sie so manch junges Mädchen beneiden würde.

Und Sebald Kresz wusste sehr gut, was er wollte, als er im Alter zwischen sechzig und siebzig Jahren Maud Im Hoff zur Frau nahm; Und als sie mit ihm am Altar stand, hatte sie im Leben nichts anderes zu erwarten, als die Rolle der Krankenschwester für einen kränklichen, perversen alten Mann zu spielen. Aber Maud schien es genauso gerecht zu sein, sich um ein Mitgeschöpf zu kümmern, wie es für viele andere ist, gepflegt und geschätzt zu werden; Und es war der Lohn ihrer treuen Fürsorge, dass sie den alten Mann ganze zehn Jahre länger aus den Fängen des Todes befreien konnte. Nach seinem Tod blieb sie eine wohlhabende Witwe; Doch anstatt sich um sich selbst zu kümmern, begann sie sofort ein Leben voller neuer Fürsorge, denn sie übernahm die Aufgabe, den Platz der Mutter für uns drei Waisenkinder einzunehmen.

Als ich heranwuchs, erzählte sie mir oft mit ihrer freundlichen Stimme, die so tief war wie die Basspfeife einer Orgel, dass sie sich bei unserer Erziehung drei Ziele gesetzt hatte, nämlich: uns gut und gottesfürchtig zu machen; uns zu lehren, uns untereinander zu einigen, damit jeder bereit ist, dem anderen alles zu überlassen; und unsere jungen Tage so glücklich wie möglich zu gestalten. Wie weit ihr das erste gelang, überlasse ich anderen zu beurteilen;

Aber ich möchte, dass jeder Mann mir zeigt, dass wir eine vereintere Familie sind , als wir es jemals waren, und weil aus hundert kleinen Zeichen hervorging, wie eng wir zusammenhingen, sprachen die Leute früher von uns als „den drei Gliedern“, besonders von den Armen Die von den Schoppers getragenen Ringe weisen drei Ringe auf, die zu einer Kette verbunden sind.

Ich selbst war der Jüngste und Kleinste der drei Glieder, und doch war ich der Mittlere; Denn wenn sich jemals herausstellte, dass Herdegen und Kunz das eine oder andere getan hatten, was dazu führte, dass sie unterschiedlicher Meinung waren und einander aus dem Weg gingen oder sich widersetzten, kamen sie immer wieder zusammen, indem sie mich suchten und durch meine Mittel. Aber obwohl ich auf diese Weise manchmal als Friedensstifter agierte, ist das kein Verdienst für mich, da ich sie nicht aus irgendeiner Tugend oder lobenswerten Absicht zusammengebracht habe, sondern einfach weil ich es nicht ertragen konnte, allein da zu stehen oder nur einen Ring an mich gebunden zu haben.

Ach! Wie weit liegt hinter mir die strahlende, glückliche Jugend, von der ich jetzt schreibe! Ich habe die Spitze des Lebenshügels erreicht, ja, ich habe den Grat längst überschritten; und wenn ich zurückblicke und an alles denke, was ich gesehen und gewusst habe, wird mir klar, dass ich nicht bis zum Ende Weisheit erlangen kann, um es mit zunehmendem Alter besser zu machen. Meine alten Knochen sind steif und fest; Es wäre vergeblich, jetzt zu versuchen, sie zu verbiegen. Nein, ich schreibe dieses kleine Buch zu meinem eigenen Vergnügen und um meinen Kindern und Enkelkindern von Nutzen und Trost zu sein. Mögen sie die Felsen meiden, an denen ich meine Füße verletzt habe, und wo ich fest weitergegangen bin, mögen sie sich am tapferen Geist einer alten Frau ein Beispiel nehmen, obwohl ich auf tausend Arten gelernt habe, dass kein Mann von einer anderen Erfahrung als seiner profitieren kann eigen.

Also fange ich am Anfang an.

Ich könnte viel über meine glückliche Kindheit erzählen, denn dann kommt mir alles neu vor; Aber es lohnt sich, nicht zu erzählen, was jeder in seinem eigenen Leben erlebt hat, und was kann ein Nürnberger Kind mehr über seine frühe Kindheit und sein Schulleben zu sagen haben als jedes andere. Die Halme eines Feldes und die Bäume eines Waldes teilen sich ohne jegliche Bevorzugung das gleiche Grundstück . Es stimmt, dass ich in vielerlei Hinsicht anders war als andere Kinder; denn meine Cousine Maud sagte oft, dass ich mich nicht an die Herrschaft halten würde, wie es sich für eine Magd gehört, und Herdegens Klage darüber, dass ich nicht als Junge geboren wurde, klingt immer noch in meinen Ohren, wenn ich an unsere wilden Spiele denke. Jeder , der das Fenster im ersten Stock an der Rückseite unseres Hauses kennt, durch das ich in den Hof gesprungen wäre, um es meinen

Brüdern gleichzutun, hätte ziemliche Angst und würde es für ein Wunder halten, dass ich da rausgekommen bin ganze Knochen; Dennoch hatte ich nicht immer Lust, mit den Jungen herumzutoben, und von klein auf war ich ein sehr rücksichtsvolles kleines Mädchen. Aber es gab Dinge; war in meinem jungen Leben sehr geeignet, meinen Verstand zu schärfen.

Wir Schoppers sind fast mit jeder angesehenen Familie in der Stadt verbündet oder haben den Rang, im Rat zu sitzen und ein Wappen zu tragen; diese befanden sich tatsächlich in Nürnberg, die Klasse unterstand den Familien der Signoria in Venedig, deren Namen im Libro d'Oro eingetragen sind . Was die Barberighi , die Foscari, die Grimaldi, die Giustiniani und dergleichen gibt, das sind bei uns die Familien Stromer , Behaim , Im Hoff, Tucher , Kresz , Baumgartner, Pfinzing , Pukheimer , Holzschuher und so weiter; und die Schoppers stehen sicherlich nicht an letzter Stelle auf der Liste. Wir, die wir uns für berechtigt halten, Waffen zu tragen, an Turnieren teilzunehmen und ein Amt in der Kirche anzutreten, und die das Recht haben, uns Adlige und Patrizier zu nennen, sind alle mehr oder weniger Verwandte und Verwandte. Wo es in Nürnberg ein schönes Haus gab, konnten wir Onkel und Tanten, Cousins und Verwandte oder zumindest Paten und gute Freunde unserer verstorbenen Eltern finden. Wo immer uns einer von ihnen begegnete , selbst wenn es auf der Straße war, sagte er: „Arme kleine Waisen! Gott sei gütig zu den Vaterlosen!“ und Tränen würden in den Augen vieler gutherziger Frauen funkeln. Sogar die Herren des Rates – denn die meisten Ältesten unserer Freunde waren Mitglieder – streichelten mein blondes Haar und sahen mich so mitleiderregend an, als wäre ich ein armer Sünder, für den es in den Augen der Menschen keine Gnade geben könnte Richter eines Gerichts.

Warum hielten mich die Menschen für so unglücklich, wenn ich kein Leid kannte und mein Herz so fröhlich war wie ein singender Vogel? Ich konnte Cousine Maud nicht fragen, denn sie war zutiefst beunruhigt, wenn ich nur Fingerschmerzen hätte, und wie konnte ich ihr sagen, dass ich in den Augen anderer Leute ein so elendes Geschöpf war? Aber ich fand bald selbst heraus, warum und warum sie Mitleid mit mir hatten; Sieben nannten mich vaterlos, siebzig bezeichneten mich als mutterlos, wenn sie mich mitleidig ansprachen. Unser Unglück war, dass wir keine Mutter hatten. Aber war da nicht Cousine Maud, und war sie nicht so gut wie jede andere Mutter? Allerdings war sie nur eine Cousine, und ihr muss etwas von dem fehlen, was eine echte Mutter empfindet.

Und obwohl ich nur ein rücksichtsloses, törichtes Kind war, hielt ich die Augen offen und begann, mich umzusehen. Ich nahm niemanden außer meinen Brüdern in das Geheimnis auf, und obwohl mein älterer Bruder mich tadelte und mich aufforderte, unserer Cousine nur für all ihre Güte zu danken, begann ich dennoch zu beobachten und zu lernen.

Es gab eine Reihe von Kindern im Haus der Stromers – die Goldene Rose war ihr Name – und sie waren immer noch glücklich, ihre Mutter zu haben. Sie war eine sehr fröhliche junge Frau, rundlich wie eine Kirsche und rosa und weiß wie Blut auf Schnee; und sie richtete ihren Blick nie auf mich, wie es andere taten, sondern tobte mit mir oder schimpfte scharf mit mir, wenn ich etwas Unrechtes tat. Bei den Muffels hingegen war die Herrin tot, und der Herr hatte nicht lange danach eine andere Mutter für seine Kleinen nach Hause gebracht, eine Stiefmutter, Susan, die meine Zofe war, pflegte sie zu nennen; und eine solche Mutter war genauso wenig eine echte Mutter wie unsere gute Cousine – das wusste ich aus den Märchen, denen ich immer zu lauschen bereit war. Aber ich sah, wie genau diese Stiefmutter die kleine Elsie, das jüngste Kind ihres Mannes und nicht ihr eigenes, wusch und anzog und sie einlullte, bis sie einschlief; und sie tat es zärtlich und genau so, wie sie es sollte. Und dann, als das Kind schlief, küsste sie es auch auf die Stirn und die Wangen.

Und doch machte Herrin Stromer aus dem Golden-Rose-Haus etwas anderes; Denn als sie die kleine Clare, die ihr eigenes Baby war, aus dem Wasser nahm und sie auf warme Tücher auf dem Wickelbrett legte, vergrub sie ihr Gesicht in dem süßen, weichen Fleisch und küsste vorher den ganzen kleinen Körper und hinten, von Kopf bis Fuß, als wäre alles ein süßer, rosiger Mund; und sie lachten beide mit herzlicher, liebevoller Heiterkeit, während die Mutter ihre Lippen auf die weiße, saubere Haut des Kindes drückte und trompetete, bis das Zimmer klingelte, oder es, in Servietten gehüllt, an ihre warme Brust drückte, als könnte sie es zu Tode umarmen . Und sie brach in ein lautes, seltsames Lachen aus und weinte, während sie es streichelte: „Mein Schatz, mein Liebling, mein von Gott gesandtes Juwel! Mein eigenes, mein eigenes – ich könnte dich essen!"

Nein, Herrin Muffel hat sich gegenüber Elsie, dem Baby ihres Mannes, nie so verhalten. Dennoch wusste ich genau, dass Cousine Maud mich genauso gern hatte wie Dame Stromer ihre eigenen Kinder, und bis jetzt unterschied sich unsere Cousine in keiner Weise von einer echten Mutter. Und das sagte ich mir selbst, als ich mich nachts in mein kleines weißes Bett zum Schlafen legte und meine Cousine kam und ihre Hände faltete, so wie ich meine faltete, und nachdem wir gemeinsam die Gebete für den Angelus gesprochen hatten, wie wir Jeden Abend legte sie ihren Kopf neben meinen und drückte mein Babygesicht an ihr eigenes großes Gesicht. Das gefiel mir ganz gut, und ich flüsterte ihr ins Ohr: „Sag mir, Cousine Maud, bist du nicht meine echte, wahre Mutter?"

Und sie antwortete hastig: „In meinem Herzen bin ich das ganz wahr; und du bist eine sehr glückliche Magd, meine Margery, denn statt nur einer Mutter hast du zwei: mich hier unten, um für dich zu sorgen und dich zu pflegen, und die andere oben unter den Engeln, die auf dich herabschaut und die allgnädige Jungfrau, die ihr so nahe ist, anfleht, dein kleines Herz rein zu halten und dich vor allem Übel zu bewahren; ja, vielleicht trägt sie selbst eine Herrlichkeit und eine himmlische Krone. Schau dir ihr Gesicht an. Und Cousine Maud hielt die Lampe hoch, sodass das Licht auf ein großes Bild fiel. Meine Augen erblickten das schöne Porträt vor mir, und es kam mir vor, als würde es mich mit tiefem Blick ansehen und liebevolle Arme nach mir ausstrecken. Ich setzte mich in meinem Bett auf; Die Gefühle, die mein kleines Herz erfüllten, strömten über meine Lippen, und ich sagte flüsternd: „Oh, Cousine Maud! Sicherlich könnte meine Mama mich einmal küssen und mich streicheln, wie Mistress Stromer es mit ihrer kleinen Clare tut."

Cousine Maud stellte die Lampe auf den Tisch, und ohne ein Wort hob sie mich aus dem Bett und hielt mich ganz nah an die Vorderseite des Bildes; und ich habe es verstanden. Meine Lippen berührten sanft die roten Lippen auf der Leinwand; und da ich umso glücklicher war, bildete ich mir ein, dass auch meine Mutter im Himmel froh sein müsste.

Dann seufzte mein Cousin: „Na ja!" und murmelte andere Worte vor sich hin; Sie legte mich wieder ins Bett, zog die Bettdecke fest um mich, wie ich es liebte, gab mir noch einen Kuss, wartete, bis ich meinen Kopf auf dem Kissen niedergelassen hatte, und flüsterte: „Jetzt geh schlafen und träume von deinem Heiligen." Mutter."

Sie verließ das Zimmer; aber sie hatte die Lampe verlassen, und sobald ich allein war , schaute ich noch einmal auf das Bild, das mir meine Mutter in recht hübscher Erscheinung zeigte. Sie hatte eine Rose auf ihrer Brust, ihr goldenes Filet sah aus wie die Krone der Himmelskönigin und in ihrem Gewand aus reichem, steifem Brokat glich sie einer großen Heiligen. Aber was mir himmlischer vorkam als alles andere, war ihr rosafarbenes und weißes junges Gesicht und der süße Mund, den ich mit meinen Lippen berührt hatte. Oh , wenn ich nur einmal im Leben das Glück gehabt hätte, diesen Mund zu küssen! Ein plötzliches Gefühl glühte in meinem Herzen auf, und eine innere Stimme sagte mir, dass tausend Küsse von Cousine Maud niemals einen einzigen Kuss von dieser liebenswerten jungen Mutter wert sein würden und dass ich tatsächlich fast so viel verloren hatte, wie meine mitleidigen Freunde gesagt hatten. Und ich konnte nicht anders, als zu trauern und lange zu weinen; Ich fühlte mich, als hätte ich genau das verloren, was mir am besten und teuersten war, und zum ersten Mal sah ich, dass meine gute Cousine wirklich hässlich war, wie andere Leute sagten, und mein alberner kleiner Kopf kam zu dem Schluss, dass eine echte Mutter fair anzusehen sein musste. und dass sie niemals so gnädig und liebenswert sein könnte, egal wie freundlich jemand anderes sein mag.

Und so schlief ich ein; und in meinen Träumen kam das Bild aus dem Rahmen auf mich zu und nahm mich in ihre Arme, wie Madonna ihr heiliges

Kind nimmt, und blickte mich mit einem Blick an, als ob sich in diesen Augen die ganze Liebe der Erde begegnet wäre. Ich warf meine Arme um ihren Hals und wartete darauf, dass sie mich streichelte und mit mir spielte, wie Herrin Stromer mit ihrer kleinen Clare; aber sie schüttelte sanft und traurig den Kopf mit der goldenen Krone , ging zu Cousine Maud und setzte mich auf ihren Schoß.

„Ich habe diesen Traum nie vergessen, und oft habe ich in meinen Gebeten mein Herz zu meiner heiligen Mutter erhoben und zu ihr geweint wie zur heiligen Jungfrau und zur Heiligen Margarete, meiner Namensheiligen; und wie oft hat sie mich gehört und rettete mich aus Not und Gefahr! Was meine Cousine betrifft, so war sie mir von dieser Nacht an immer lieber; denn hätte meine eigene Mutter mich ihr nicht gegeben, und wenn die Leute mich mitleidig ansahen und mein Schicksal beklagten, konnte ich in meinem Herzen lachen Herz und denke: „Wenn du es nur wüsstest! Deine Kinder haben nur eine Mutter, aber wir haben zwei; und unsere eigene echte Mutter ist hübscher als die aller anderen, während die andere, obwohl sie so hässlich ist, die beste ist.“ "

Es war das Mitgefühl der Menschen, das mich zuerst zu solchen Gedanken brachte, und als ich älter wurde, begann ich zu glauben, dass ihr Mitleid meiner jungen Seele wenig Gutes getan hatte. Freunde sind immer da, um jeden Job zu trösten; aber nur wenige kommen, um seine Schwere zu teilen, umso mehr, weil es allen Menschen Freude macht, ihr eigenes gerechtes Los mit dem bösen Los anderer zu vergleichen. Mitgefühl – und ich bin der Letzte, der es leugnet – ist eine edle und richtige heilende Gnade; Aber diejenigen, die so bereit sind, es auszudehnen, sollten vorsichtig sein, wie sie es tun, besonders im Fall eines Kindes, denn ein Kind ist wie ein Schössling, der Licht braucht, und diejenigen, die die Sonne, die darauf scheint, verdunkeln, sündigen dagegen. und behindern sein Wachstum. Anstatt darüber zu klagen, mache es froh; Das ist der Komfort, der ihm gebührt.

Ich hatte das Gefühl, ein großes und wichtiges Geheimnis entdeckt zu haben, und ich wollte unbedingt meinen Brüdern unsere heilige Mutter bekannt machen. aber sie hatten sie bereits ohne die Hilfe ihrer kleinen Schwester gefunden. Ich erzählte zuerst dem einen und dann dem anderen alles, was sich in mir bewegte, und als ich mit Herdegen , dem Älteren, sprach, sah ich sofort, dass es für ihn nichts Neues war. Kunz, den Jüngeren, fand ich in der Schaukel; er flog so hoch, dass ich dachte, er würde sich hinauswerfen, und ich rief ihm zu, er solle einen Moment innehalten; Doch als er das Seil fester umklammerte und sich zusammenzog, um fest auf dem Brett zu stehen, rief er: „Verlass mich jetzt, Margery; ich möchte hinauf, hinauf, hinauf in den Himmel – dorthin, wo Mutter ist!“

Das hat mir gereicht; und von dieser Stunde an sprachen wir oft miteinander über unsere heilige Mutter, und Cousine Maud sorgte dafür, dass wir auch an unseren Vater dachten. Sie ließ sein Porträt – wie auch das meiner Mutter – aus dem großen Esszimmer, wo es gehangen hatte, in das große Kinderzimmer bringen, wo sie mit mir schlief. Und auch dieses Bild hinterließ Spuren in meinem Leben nach dem Tod; Denn als ich die Masern hatte und Meister Paul Rieter , der Stadtarzt und unser Arzt, zu mir kam, blieb er lange, als könnte er den Abschied nicht ertragen, vor dem Porträt stehen; und als er sich wieder zu mir umdrehte, war sein Gesicht ganz rot vor Kummer – denn er war in Padua ein Lieblingsfreund meines Vaters gewesen – und er rief: „Was für ein glückliches Kind bist du, kleine Margery!“

Ich muss ihn verwirrt genug angeschaut haben, denn niemand hatte mich jemals als glücklich angesehen, es sei denn, Cousin Maud oder die Waldstromers im Wald; und Meister Paul muss mein Erstaunen bemerkt haben, denn er fuhr fort. „Ja, ein glückliches Kind bist du; denn so sind alle Säuglinge, Mägde oder Knaben, die nach dem Tod ihres Vaters auf die Welt kommen.“ Als ich ihm ins Gesicht sah, nicht weniger erstaunt als zuvor, legte er den goldenen Knauf seines Stocks an seine Nase und sagte: „Denk daran, kleiner Einfaltspinsel, der gute Gott wäre nicht das, was er ist, wäre kein Mann von Ehre.“ – Gott verzeihe die Worte – wenn er nicht ein Kind nahm, das er seines Vaters beraubt hatte, bevor er das Licht erblickt hatte oder einen Beweis seiner Liebe unter seiner eigenen besonderen Fürsorge hatte. Merke dir, was ich sage, Kind. Ist es ein kleines Kind? Es ist wichtig, der Mündel eines Wächters zu sein, der nicht nur allmächtig, sondern wahrhaftig über alle Wahrheit hinaus ist?“ Und diese Worte haben mich mein ganzes Leben lang bis zu dieser Stunde verfolgt.

KAPITEL II.

So verging unsere Kindheit, wie ich schon sagte, in einem sehr glücklichen Zustand; und als meine Brüder die führenden Saiten weit hinter sich gelassen hatten und ihren „Donatus“ studierten, brachte mir Cousine Maud das Lesen und Schreiben bei, und das mit viel Heiterkeit und auf die ausgelassenste Art. Sie stempelte zum Beispiel vier Exemplare jedes Briefes aus süßen Honigkuchen, und als ich sie gut kannte , schenkte sie mir diese winzigen ABC-Kuchen, und einen aß ich selbst auf und die anderen gab ich meinen Brüdern oder Susan. oder mein Cousin. Oft stecke ich sie in meine Tasche, um sie mit in den Wald zu nehmen, und gebe sie dem Lieblingshund meines Cousins Götz oder seinem Kreuzschnabel; denn er selbst mochte keine Süßigkeiten. Ich werde viel über ihn und den Wald zu erzählen haben; Schon als ich noch ganz klein war, war es für mich die größte Freude, als mir gesagt wurde, dass wir in den Wald gehen würden, denn dort wohnte der liebste und treueste aller unserer Verwandten: mein Onkel Waldstromer und seine Familie. Das stattliche Jagdschloss, in dem er als Oberförster des Lorenzerwaldes im Dienste des Kaisers und unserer Stadt wohnte, bereitete mir größere Freuden als jedes andere, da dort nicht nur der Wald mit all seinen Freuden und Wundern war, sondern auch Außerdem gibt es neben vielen Hunden eine Reihe seltsamer Tiere und andere Freizeitbeschäftigungen, von denen ein Stadtkind kaum etwas weiß.

Aber was ich am meisten liebte, war der einzige Sohn meines Onkels und meiner Tante Waldstromer , für deren Hund ich meine Kuchenbriefe aufbewahrte; Denn obwohl Vetter Götz elf Jahre älter war als ich, verachtete er mich dennoch nicht, aber wann immer ich ihn bat, mir dies oder das zu zeigen oder mir ein leichtes Waldhandwerk beizubringen, überließ er es seinen Älteren, mir zu gefallen.

Als ich sechs Jahre alt war, ging ich eines Tages mit einer scharlachroten Samtkapuze in den Wald, und danach nannte er mich immer sein kleines „Rotkäppchen“, und ich ließ mich gern so nennen; und von all den Jungen und Burschen, die ich jemals unter den Freunden meiner Brüder oder anderen getroffen habe, war meiner Meinung nach keiner mit Götz vergleichbar ; Mein argloses Herz gehörte so ganz ihm, dass ich in meinen kleinen Gebeten immer seinen Namen erwähnte.

Bis ich neun Jahre alt war, gingen wir jedes Jahr drei- oder viermal in den Wald, um ein paar Wochen zu verbringen; aber danach wurde ich zur Schule geschickt, und da Cousine Maud es sich sehr zu Herzen nahm, weil sie wusste, dass mein Vater großen Wert auf gute Bildung legte, machten wir solche Besuche seltener; und in der Tat hätte die strenge Herrin, die meinen

Unterricht leitete, mir niemals erlaubt, mein Lernen um des Zeitvertreibs willen zu unterbrechen.

Schwester Margaret, umgangssprachlich die Kartäuserin genannt, war der Name der einzigartigen Frau, die als meine Lehrerin ausgewählt wurde. Sie war gleichzeitig die frommste und gelehrteste Seele der Welt; Sie war Priorin eines Kartäuserinnenklosters und hatte unter anderem zehn große Chorbücher geschrieben. Obwohl die Regel ihres Ordens den Diskurs verbot, durfte sie unterrichten.

Oh, wie ich gezittert habe, als Cousine Maud mich zum ersten Mal ins Kloster mitnahm.

In der Regel war meine Zunge nie still, außer wenn Herdegen für mich sang oder laut nachdachte und mir seine Träume davon erzählte, was er tun würde, wenn er zum Kanzler oder Oberbefehlshaber der kaiserlichen Armee aufgestiegen wäre hatte die Tochter eines Grafen oder eines Prinzen gefunden, um sie nach Hause zu seinem großen Schloss zu tragen. Außerdem war der wilde Wald für mich ein zweites Zuhause, und jetzt war ich in einem Kloster eingesperrt, wo die Stille um mich herum mich erdrückte wie ein zu enges Mieder. Die Wände des riesigen Vorraums, in dem ich warten musste, waren mit verschiedenen lateinischen Texten bedeckt, und diese Worte wiederholten sich mehrmals unter einem Totenkopf.

„So bitter es ist, als Kartäuser zu leben, so süß ist es, als Kartäuser zu sterben."

In einem Schrein befand sich ein Kruzifix, und aus der Dornenkrone und den Wunden floss so viel leuchtend rotes Blut, dass der heilige Körper zur Hälfte damit bedeckt war, und ich hatte große Angst bei dem Anblick – oh, ich kann keine Worte dafür finden ! Und die ganze Zeit über glitt eine Nonne nach der anderen schweigend und mit gesenktem Kopf und verschränkten Armen durch die Kammer, ohne auch nur einen Blick zu heben, um mich anzusehen.

Es war im Mai; Der Tag war schön und angenehm, aber ich begann zu zittern und es kam mir vor, als ob der Frühling erblüht und vergangen wäre und ich plötzlich vergessen hätte, wie man lacht und sich freut. Plötzlich schlich sich eine Katze herein, sprang auf die Bank, auf der ich saß, und krümmte ihren Rücken, um mich an mir zu reiben; aber ich zog mich zurück, obwohl ich gewöhnlich lieber mit Tieren spielte; denn es starrte mich seltsam mit seinen grünen Augen an, und ich hatte plötzlich Angst, dass es sich in einen Werwolf verwandeln und mir wehtun würde.

Endlich öffnete sich die Tür und eine Frau im Nonnenrock kam mit meiner Cousine herein; sie war um einen Kopf größer. Ich hatte noch nie eine so große Frau gesehen, aber die Nonne war auch sehr dünn und ihre Schultern kaum breiter als meine eigenen. Tatsächlich bückte sie sich schon nach kurzer Zeit stark, und mit der Zeit sah ich sie immer wieder mit gebeugtem Rücken und gesenktem Kopf. Sie sagten, sie hätte eine Verletzung im Rückgrat und diese gebogene Form habe sie vom Schreiben übernommen, was sie nachts immer tat.

Zuerst wagte ich es nicht, ihr ins Gesicht zu sehen, denn meine Cousine hatte mir gesagt, dass ich ihr gegenüber sehr fleißig sein müsse, dass Müßiggang ihren scharfen Augen nie entgangen sei ; und Götz Waldstromer kannte die Bedeutung des lateinischen Mottos, mit dem sie alle ihre Schriften begann: „Hüte dich, dass Satan dich nicht untätig findet!" Diese Worte gingen mir in diesem Moment durch den Kopf; Ich spürte, wie ihr Blick auf mich gerichtet war, und ich zuckte zusammen, als sie ihre kalten, dünnen Finger auf meine Stirn legte und mich fest, aber nicht unhöflich dazu zwang, meinen gesenkten Kopf zu heben. Ich hob den Blick und wie froh war ich, als ich in ihrem blassen, dünnen Gesicht nichts als wahren, süßen guten Willen sah.

Sie fragte mich mit leiser, klarer Stimme, wenn auch kaum lauter als ein Flüstern, wie alt ich sei, wie ich heiße und was ich bereits gelernt habe. Sie sprach in kurzen Sätzen, kein Wort zu wenig oder zu viel; und sie hat mir meine Aufgaben immer auf die gleiche Weise gestellt; denn obwohl sie aufgrund einer Evangeliumszeit sprechen könnte, hatte sie immer im Hinterkopf, dass wir am Jüngsten Tag für jedes Wort, das wir äußern, zur Rechenschaft gezogen werden müssen.

Schließlich sprach sie von meinen heiligen Eltern, sagte aber nur: „Dein Vater und deine Mutter sehen dich immer; sei also fleißig in der Schule, damit sie sich über dich freuen . – Morgen und jeden Morgen um sieben." Dann küsste sie mich sanft auf den Kopf, verneigte sich wortlos vor meiner Cousine und drehte uns den Rücken zu. Aber als ich danach in der freien Natur weiterging und froh war, mich zu bewegen, und den blauen Himmel und die grünen Wiesen noch einmal sah und die Vögel singen und die Kinder spielen hörte, fühlte es sich an, als würde mir eine Last von der Brust genommen ; aber ich fühlte auch den Kuss der großen, schweigsamen Nonne, und als ob sie mir etwas gegeben hätte, was mir Ehre erwies.

Am nächsten Morgen ging ich zum ersten Mal zur Schule; Und während die Paten eines Kindes üblicherweise nur dann Päckchen mit Süßigkeiten schicken, wenn es zur Schule geht, hatte ich viele von verschiedenen Verwandten und anderen unserer Freunde, weil sie Mitleid mit mir hatten, weil ich ein unglückliches Waisenkind war.

Ich dachte mehr an meinen Reichtum und daran, wie ich ihn verteilen sollte, als an Schule und Aufgaben; und da meine Cousine nur ein Päckchen in meine kleine Tasche stecken wollte , stopfte ich ein anderes – ein ziemlich kleines, das mir die reiche Herrin Grosz mit einer besseren Sorte Süßigkeiten geschickt hatte – in die Brieftasche, die an meinem Gürtel hing.

Unterwegs sah ich mich bei den Leuten um, um zu sehen, ob sie bemerkten, wie es mir ergangen war, und mein kleines Herz klopfte schneller, als ich meinen Cousin Götz vor Meister Pernharts Messingschmiede traf. Er war aus dem Wald gekommen, um in der Stadt zu leben, um bei den Steuereintreibern Buchhaltung zu erlernen. Wir begrüßten uns fröhlich, und er zog meinen Haarzopf und ging seines Weges, während ich das Gefühl hatte, dass mir diese Begegnung wirklich Glück gebracht hätte.

In der Schule musste ich solche Torheiten natürlich sofort vergessen; Denn unter den sechzehn Schülern von Schwester Margaret stand ich weit unter den meisten von ihnen, nicht unbedingt an Statur, denn ich war für meine Jahre schon erwachsen, aber an Alter und Gelehrsamkeit, und das sollte ich noch vor Ablauf der ersten Stunde feststellen.

Fünfzehn von uns stammten aus den großen Stadtfamilien, und an diesem Tag, dem ersten Tag des Schuljahres, waren wir alle ordentlich in feine Wollstoffe aus Florenz oder Flandern gekleidet und farbige Strickstrümpfe. Wir alle trugen feine Spitzenrüschen um die Manschetten unserer engen Ärmel und die quadratisch geschnittenen Vorderseiten unserer Mieder; Jedes kleine Mädchen trug ein seidenes Band, um seine Zöpfe zu binden, und fast alle hatten goldene Ringe in den Ohren und eine goldene Nadel an der Brust oder im Gürtel. Nur eine trug im Gegensatz zu den anderen ein einfaches Gewand, und obwohl ihr Kleid sauber und passend war, war sie in ärmliches, graues, selbstgesponnenes Gewand gekleidet. Als ich sie ansah, musste ich an Aschenputtel denken; und als ich ihr ins Gesicht schaute und dann auf ihre Füße schaute, um zu sehen, ob sie so ordentlich und so klein waren wie in der Geschichte, sah ich, dass sie kleine Knöchel und süße kleine Schuhe hatte; und was ihr Gesicht betraf, so glaubte ich, noch nie ein so schönes und zugleich für mich so seltsames Gesicht gesehen zu haben. Ja, sie schien aus einer anderen Welt zu kommen als dieser, in der ich und die anderen lebten; denn wir hatten helles oder braunes Haar, blaue oder graue Augen und gesunde rote und weiße Gesichter; während Aschenputtel eine niedrige Stirn und große dunkle Augen hatte, seltsame, lange, feine, seidige Wimpern; und schwere Zöpfe aus schwarzem Haar hingen ihr über den Rücken.

Ursula Tetzel wurde von den Jungs als das hübscheste Mädchen von uns allen bezeichnet; und ich wusste ganz genau, dass die Blume, die sie in ihrem Mieder trug, ihr von meinem Bruder Herdegen am frühen Morgen geschenkt worden war , weil er sie zu seiner „Dame“ erwählt hatte und sagte, sie sei die Schönste; aber als ich sie neben diesem Fremden betrachtete, kam ich zu dem Schluss, dass sie von ärmerem Zeuge war.

Außerdem war Aschenputtel für mich und alle anderen, die ich gut kannte, ein Fremder, aber ich musste eine ganze Stunde Geduld aufbringen, bevor ich fragen konnte, wer dieses schöne Aschenputtel war, denn Schwester Margaret behielt uns im Auge, und zwar so lange wie ich von ihr unterrichtet wurde, hat sich zu keiner Zeit jemand getraut, während des Unterrichts zu sprechen oder sich auf irgendeinen Zeitvertreib einzulassen.

Schließlich, in ein paar Ruheminuten, fragte ich Ursula Tetzel, die seit einem Jahr in der Klosterschule war. Sie streckte mit einem verächtlichen Blick ihre rote Unterlippe vor und sagte, der neue Gelehrte sei unter uns gedrängt worden, gehöre aber nicht zu unseresgleichen. Schwester Margaret, obwohl sie selbst aus einem Adelshaus stammte, hatte vergessen, was uns und unseren Familien zusteht, und hatte aus Mitleid diese graue Fledermaus aufgenommen. Ihr Vater war ein einfacher Angestellter in der Kanzlei und für einen kleinen Lohn Buchhalter des Klosters. Sein Name war Veit Spiesz , und sie hatte ihren Vater sagen hören, dass der Schreiber der Sohn eines einfachen Lautenspielers sei und kaum genug zum Leben verdienen könne. Er hatte früher in einem Kaufmannshaus in Venedig gedient. Dort hatte er eine Italienerin geheiratet, und alle seine Kinder, und es waren viele, hatten wie sie teuflisch schwarze Haare und Augen. Um eines „Gott vergelte es dir!" willen. Diese Magd namens Ann war dazu gebracht worden, sich mit uns Töchtern adliger Häuser zu vermischen. „Aber wir werden sie jagen", sagte Ursula, „du wirst sehen!"

Das schockierte mich zutiefst, und ich sagte, das wäre grausam und ich würde mich an einer solchen Angelegenheit nicht beteiligen; aber Ursula lachte und sagte, ich sei noch ein grünes Ding, und wandte sich dem Fensterbrett zu, wo alle Neuankömmlinge auf Geheiß des Ältesten oder Ersten der Klasse ihre Süßigkeiten ausgelegt hatten; denn nach altem Brauch waren alle Süßigkeiten, die die Novizen am ersten Tag mitbrachten, gemeinsam.

Die ganze Gesellschaft drängte sich um den Haufen Süßigkeiten, der immer größer wurde, und ich stand unter den anderen, als ich sah, dass die Tochter des Schreibers Ann, Aschenputtel, einsam und den Kopf hängend neben dem Kachelofen am Ende des Ofens stand Zimmer. Ich eilte sofort zu ihr, drückte ihr das Päckchen, das Frau Grosz mir gegeben hatte, in die Hand – denn ich hatte es noch in meinem Sack versteckt – und flüsterte ihr zu: „Ich hatte zwei davon, kleine Ann, beeil dich und gieße ein." sie auf dem Haufen."

Sie warf mir mit ihren großen Augen einen fragenden Blick zu, und als sie sah, dass ich es wirklich ernst meinte, nickte sie, und da war etwas in ihrem tränenreichen Blick, das ich nie vergessen kann; Und es stört mich auch, dass es so aussah, als hätte ich, und nicht sie, den Gefallen erhalten, als ich ihr das kleine Päckchen in die Hand gab.

Sie gab die Süßigkeiten, die sie mir abgenommen hatte, dem Ältesten und sagte kein Wort und schien es nicht zu bemerken, dass sie sich alle über die Kleinheit des Päckchens lustig machten. Doch schon bald verwandelte sich ihre Verachtung in Freude und Lob; Denn aus Aschenputtels Paket fielen so feine Süßigkeiten auf den Haufen, wie noch nie jemand mitgebracht hatte, und darunter befand sich ein kleines Fläschchen mit Rosenöl aus der Levante.

Zuerst hatte Ann einen besorgten Blick auf mich geworfen, dann schien es ihr egal zu sein; Aber als das Rosenöl ans Licht kam , nahm sie es fest in die Hand, um es mir zu geben. Aber Ursula schrie: „Nein. Was die Neuankömmlinge mitbringen, dürfen alle gemeinsam teilen!“ Trotzdem legte Ann ihre Hand auf meine, die bereits das Fläschchen hielt, und sagte kühn: „Das gebe ich Margery und ich verzichte auf alles andere.“

Und es gab niemanden, der ihr „Nein“ sagte oder sie daran hinderte; und als sie sich weigerte, mit ihnen zu essen, bemühte sich jeder, ihr so viel aufzudrängen, wie es ihr zufiel.

Als Schwester Margaret zurück ins Zimmer kam , sah sie, dass wir in gutem Zustand waren und unseren Frieden bewahrten; und während wir auf sie warteten, flüsterte Ann mir zu, als wollte sie sich direkt in meine Augen versetzen: „Ich hatte ein Päckchen Süßigkeiten; aber es sind vier Kleine zu Hause.“

Cousine Maud wartete am Klostertor, um mich nach Hause zu bringen. Als ich Hand in Hand mit meiner neuen Freundin in gutem Tempo losfuhr, betrachtete sie das schlichte Gewand der kleinen Magd von Kopf bis Fuß, und das war nicht gerade freundlich. Und sie zwang mich, loszulassen, aber doch, als wäre es ein Zufall, denn sie trat zwischen uns, um meine Kapuze zurechtzurücken. Dann beschäftigte sie sich mit meinem Halstuch und flüsterte mir ins Ohr: „Wer ist das?“

Also antwortete ich: „Kleine Ann;“ und als sie weiter fragte, wer ihr Vater sein könnte, sagte ich ihr, sie sei die Tochter eines Schreibers, und wollte gerade mit herzlichem Wohlwollen von ihr sprechen, als meine Cousine mich unterbrach, indem sie zu Ann sagte: „Gott schütze dich, Kind; Margery und ich müssen uns beeilen. Und sie bemühte sich, mich ein- und auszusteigen; aber ich kämpfte darum, mich von ihr zu befreien, und schrie mit dem mutwilligen Stolz, den ich damals zu zeigen pflegte, wenn ich dachte, die Leute würden das verhindern, was mir gut und richtig erschien: „Die kleine Ann wird mit uns kommen.“

Aber die kleine Magd war ebenfalls stolz und sagte fest: „Sei pflichtbewusst, Margery; ich kann alleine gehen.“ Daraufhin schaute Cousine Maud sie genauer an, und da leuchteten ihre Augen mit dem sanften Licht des guten

Willens, das ich so sehr liebte, und sie selbst begann, Ann nach ihren Verwandten zu befragen. Das kleine Dienstmädchen antwortete bereitwillig, aber bescheiden, und als meine Cousine verstand, dass ihr Vater ein gewisser Schriftsteller in der Kanzlei war, über den sie einen guten Bericht gehört hatte, wurde sie weicher und sanfter, so dass ich Anns kleine Hand erneut ergriff Sie ließ es durchgehen und gab ihr zum Abschied einen Kuss auf die Stirn und forderte sie auf, einen Gruß an ihren würdigen Vater zu überbringen.

Als ich nun mit Cousine Maud allein war und ihr zu verstehen gab, dass ich die kleine Tochter des Schreibers liebte und mir keine teurere Freundin wünschte, antwortete sie ernst; „Kleine Dienstmädchen können sich nur mit denen unterhalten, deren Mütter sich in den Häusern der anderen treffen. Habt Geduld, bis ich mit Schwester Margaret sprechen kann.“ Als meine Cousine also nachmittags ausging, wartete ich in ängstlicher Erwartung; aber sie kam mit berühmten guten Nachrichten nach Hause, und von da an war Ann eine Freundin, an der ich fast genauso fest hing wie an meinen Brüdern. Und wer von uns der Hauptgewinner war, lässt sich schwer sagen, denn ich fand in ihr eine vertrauenswürdige Gefährtin, der ich alles mitteilen konnte , was den Ohren meiner Brüder oder meines Cousins kaum würdig war, und vor allem meines Kindliches Wohlwollen für meine Cousine Götz und Liebe zum Wald, für sie war der Platz in meinem Herzen und in unserem Haus wie eine Oase des Friedens, wenn sie sich nach den schweren Pflichten, die sie hatte, obwohl sie noch so jung war, nach Ruhe sehnte bereits auf sich genommen.

KAPITEL III.

Es ist wahr, dass die Klasse, in der ich im Kloster lernte, den strengsten Regeln unterlag und dass meine Lehrerin eine Kartäuserinnen war; Und dennoch erinnere ich mich gerne an die Jahre, in denen mein Geist die Freude daran hatte, mit freundlichen Kameraden und an der Seite meines besten Freundes zur Schule zu gehen. Ja, selbst inmitten des stillen Verweilens der sprachlosen Schwestern konnte man in den Stunden der Ruhe fröhliches Gelächter hören, und trotz der dicken Wände des Klassenzimmers drang es bis zu den Ohren der Nonnen. Obwohl ich anfangs voller Ehrfurcht und Scheu in ihrer Gegenwart war, wurde ich bald mit ihrer seltsamen Lebensweise vertraut, und es gab viele Menschen, die ich wirklich lieben lernte; auch mit einigen konnten wir richtig reden und scherzen fröhlich, denn sie hatten freilich gute Ohren, und wir lernten nicht lange, die Sprache ihrer Augen und Finger zu lernen.

Was das Schweigegebot betrifft, so hat meines Wissens niemand es jemals in der Gegenwart von uns Kleinen gebrochen, außer Schwester Renata, und sie wurde aus dem Kloster entlassen; doch als ich älter wurde, erkannte ich, dass die Nonnen genauso gerne Neuigkeiten aus dem äußeren Leben hörten, die einen Weg in den Kreuzgang finden könnten, als gäbe es nichts, was ihnen wichtiger wäre als die Welt, aus der sie sich zurückgezogen hatten ihre eigene freie Wahl.

Ich für meinen Teil war und bin bis zum Ende einer derjenigen, die am wenigsten für das Kartäuser-Gewand geeignet waren, obwohl Schwester Margaret die Seligpreisungen und die reinigende Kraft ihres Ordens in schönen und verlockenden Farben malte. In den Stunden, die sie der heiligen Lehre widmete und in denen sie den überfließenden Reichtum und die reiche Gnade ihres liebevollen Geistes über uns ausschüttete – so sehr, dass sie nicht weniger als vier Seelen unserer kleinen Zahl für die Schwesternschaft gewann – tat sie es gewohnheitsmäßig und gern Ich würde über diese Angelegenheit sprechen und sagen, dass in jeder menschlichen Brust ein himmlischer Geist lebte und sich bewegte. Dass es uns mit der klaren und heiligen Stimme der Engel sagte, was göttlich und wahr war, dass aber der Lärm der Welt und unsere eigenen eitlen Vorstellungen lauter klangen und es uns nicht erlaubten, es zu hören. Aber diejenigen, die die Kartäuserherrschaft auf sich nahmen und ihr sprachlos in einem stillen Zuhause lauschten und kein Ohr für entfernte äußere Stimmen, sondern nur für die inneren schenkten, würden bald lernen, die himmlische Stimme mit dem inneren Ohr zu hören und zu erkennen seine Warnung. Diese Stimme würde ihnen die Herrlichkeit und den Willen Gottes, des Allerhöchsten, verkünden und die verborgenen

Dinge offenbaren, so dass er selbst hier unten an den Freuden des Paradieses teilhaben sollte.

Aber trotz allem, dass ich nie eine Kartäuser-Nonne war und meine Zunge jemals dazu neigte, zu frei zu reden, glaube ich, dass ich den himmlischen Geist in den Tiefen meiner eigenen Seele gefunden und seine Stimme gehört habe; aber in Wahrheit ist mir das am deutlichsten und mit größter Freude widerfahren, als mein Herz am meisten von der weltlichen Liebe erfüllt war, die die Kartäuserinnen mit hundert Türen verschlossen haben. Und wiederum, als ich von der Liebe zu meinem Nächsten, die man Nächstenliebe nennt, bewegt wurde und mich für ihn ermüdete und nichts verschonte, was mir gehörte, habe ich diese göttlichen Gefühle ganz deutlich in meiner Brust gespürt.

Die Schwester forderte uns auf, sie jederzeit ohne Angst zu befragen, und ich war immer der Erste von uns allen, der sie mit Reden quälte . Gewiss konnte sie meine wissensdurstige Seele nicht immer befriedigen, auch wenn sie es nie versäumte, sie zu beruhigen; denn ich stand fest im Glauben, und alles, was sie mir über Gottes Offenbarung an den Menschen sagen konnte, nahm ich gerne an, ohne zu zweifeln oder zu kritisieren. Sie hatte uns gelehrt, dass Glaube und Wissen getrennte Dinge sind, und ich hatte das Gefühl, dass es für meine Seele keinen Frieden mehr geben könnte, wenn ich zulassen würde, dass Wissen mit Glauben in Konflikt gerät.

Von ihr geführt, sah ich den Erlöser als die fleischgewordene Liebe; und dass die Liebe, die er in die Welt brachte, immer noch ein lebendiges Ding war, das seinem Willen folgte, versuchte ich mit meinem denkenden Verstand zu bekennen. Aber ich sah, wie sogar die Erzbischöfe und Bischöfe in die Schlacht zogen und in rachsüchtiger Wut das Blut ihrer Mitmenschen vergossen; Ich sah, wie Papst Papst exkommunizierte – denn das große Schisma endete erst, als ich noch zur Schule ging; Friedliche Städte haben sich in ihrer großen Not vor unseren Augen durch Verträge zur Verteidigung gegen christliche Ritter und Herren gebunden. Die Räuberbanden der großen Adligen plünderten die Kaufleute auf der Straße des Kaisers , obwohl sie demselben Glauben angehörten, während die Bürger danach strebten, die Festungen der Ritter zu erobern. Wir hörten von viel mehr Trotzbriefen als von Friedensstiftung und Freundschaft. Selbst die Bürger unserer guten christlichen Stadt – könnte die vom Erlöser gelehrte Liebe nicht auch unter ihnen vorherrschen? Und wie beim Großen so auch beim Einfachen; Denn herrschte unter uns Jungfrauen in einer christlichen Schule allein die Liebe? Nein, wahrlich; denn nie werde ich vergessen, wie Ursula Tetzel und in Gemeinschaft mit ihr eine gute Hälfte der anderen meine süße, weise Ann, die fleißigste und beste von uns allen, verfolgten, um sie aus unserer Mitte zu vertreiben; aber vergebens, dank der aufrichtigen Gerechtigkeit von Schwester Margaret. Ja, die zänkischen Verschwörer wollten endlich sehen, dass die Tochter des Schreibers zu unserem Oberhaupt erhoben wurde, und das zwang sie, ihren Stolz vor ihr zu beugen.

All dies und noch viel mehr möchte ich der guten Schwester sagen; nein, und ich war so dreist, sie zu fragen, ob Christi Gebot, unsere Feinde zu lieben, nicht zu hoch sei, als dass es der Geist des Menschen erreichen könne. Das machte sie ernst und nachdenklich; Doch an tröstenden Worten mangelte es ihr nicht, und sie sagte, der Herr habe nur den Weg und das Ende gezeigt. Diese Männer hatten sich traurig von beiden abgewendet; aber so mancher Bach wanderte in mancherlei Windungen vom Weg zu seinem Ziel, dem Meer, bevor er es erreichte; und dass die Menschheit wundersam war wie der Strom, denn auch wenn sie sich jetzt noch in blutigen Kämpfen zerreißen, wird der Tag kommen, an dem der Feind dem Feind die Palme des Friedens anbieten wird und an dem es nur eine Herde auf Erden und einen Hirten geben wird .

Aber meine ängstlichen Fragen, obwohl ich noch ein Kind war, hatten zweifellos ihren reinen und wahrhaftigen Geist beunruhigt. Es war in der Passionswoche, im fünften Jahr meines Schullebens – und im Laufe dieser Jahre war sie immer gebeugter geworden und ihre Stimme war tiefer gesunken, so dass es uns oft schwer fiel, sie zu hören –, als es so fiel sie konnte ihre Zelle nicht mehr verlassen; und sie sandte mir einen Auftrag, an ihr Bett zu gehen, und mit mir nur zwei von uns allein meine Ann und Elen Ebner, ein wirklich braves Kind und eine fleißige Biene in ihrer Arbeit.

Und es geschah, als Schwester Margaret auf ihrem Sterbebett für immer Abschied von uns nahm , mit viel göttlicher Gnade und viel gutem Rat auch für die anderen, wurde ihr Herz weich und sie fuhr fort, von der Liebe zu sprechen, die jede christliche Seele ihrem Nächsten schuldet und kehre zu seinem Feind. Sie richtete ihr Auge besonders auf mich und gestand mit ihren blassen Lippen, dass es ihr selbst oft schwergefallen sei, böse Gegner und solche zu lieben, deren Wege im Widerspruch zu den ihrigen standen, wie es ihr das Gesetz des Erlösers befahl. Den jungen Leuten unter uns, die sich vorgenommen hatten, den Schleier zu tragen, hatte sie, bevor dies geschah, noch mehr gezeigt, was nötig war; Denn ihr Weg lag klar vor ihnen: Als Nachfolger Christi zu wandeln, wie bitter es für ihre menschliche Natur auch sein mochte; aber wir waren verpflichtet, in der Welt zu leben, und sie konnte uns nur raten, vor dem Hass als dem schlimmsten Feind der Seele und dem listigsten aller Teufel zu fliehen. Aber wenn es passieren sollte, dass unser Herz nach einem tapferen Kampf, diesen oder jenen zu lieben, nicht unterworfen werden konnte , dann sollten wir danach streben, zumindest alles Gute und Lobenswerte in ihm zu respektieren, sofern wir jemals etwas finden sollten selbst in den frechsten und am wenigsten erfreulichen Situationen der Ehre würdig. Und diese Worte habe ich immer im Kopf behalten, und oft haben sie mich zum Nachdenken gebracht, wenn das heiße

Blut der Schoppers mich aufgefordert hat, mich zu bücken und einen Stein aufzuheben, um ihn auf meinen Nachbarn zu werfen.

Nicht länger als drei Tage, nachdem sie uns auf diese Weise an ihre Seite gebeten hatte, begab sich Schwester Margaret in ihre Ruhe; Sie war unsere bescheidene, aber sanfte Lehrerin gewesen, und ihre Gelehrsamkeit übertraf die der meisten Frauen ihrer Zeit so weit, wie der Himmel hoch ist; Und als ihr sterblicher Körper nicht mehr gebeugt, sondern in voller Länge im Sarg lag, schien es mir, als gehöre die heilige Dame, die vor der Gelübde eine Gräfin von Lupfen gewesen war , einer Rasse an, die um einen Kopf größer war als die unsere. Auf ihrem edlen, dünnen Gesicht lag eine ruhige, königliche Würde; Und da dieser Leichnam der erste war, den ich je gesehen hatte, wirkte er so auf mein Gemüt ein, dass der Tod, vor dem ich bis dahin Angst gehabt hatte, in meiner jungen Seele das Bild eines großen Meisters entstehen ließ, dem er sich widmete wir müssen uns zwar beugen, aber wer ist nicht unser Feind?

Ich konnte nie ein solches Lob verdienen wie Ann, die mit gutem Gewissen direkt an unserer Spitze stand; obwohl ich jemals hoch gestanden habe. Und die Gutscheine, die ich mit nach Hause nahm, reichten aus, um Cousine Maud zufrieden zu stellen, denn ihr großer Wunsch, dass ihre Pflegekinder andere übertreffen sollten, wurde von Herdegen , der Ältesten, reichlich erfüllt. Er war tatsächlich erfüllt von schlafendem Lernen, sozusagen, und ich hatte oft den Eindruck, dass er nur angemessene Unterweisung und einen angemessenen Anfang brauchte, um es aufzuwecken. Denn selbst er erlangte seine Bildung nicht ohne Mühe, und diejenigen, die glauben, dass es ihm mit offenem Mund in den Mund flog, irren sich gewaltig. Oft habe ich an seiner Seite gesessen, während er über seinen Büchern gebrütet hat, und ich konnte sehen, wie er mit vollem Ernst an die Arbeit ging, nachdem er Sport und Zeitvertreib aufgegeben hatte. So würde er mit drei mächtigen Schlägen den Nagel durchschlagen, was eine schwächere Hand mit zwanzig nicht schaffen könnte. Wochenlang konnte er untätig sein und sich mit verschiedenen Angelegenheiten beschäftigen, die nichts mit der Schulbildung zu tun hatten; und machte sich dann plötzlich an die Arbeit; und es würde seine Seele so vollständig in Besitz nehmen, dass er nicht gesehen hätte, wie ein Stein direkt vor seine Füße fiel.

Mein zweiter Bruder Kunz war in dieser Hinsicht überhaupt nicht der Meinung. Nicht, dass er sanftmütig gewesen wäre; weit davon entfernt. Sein Kopf war für alle Angelegenheiten des täglichen Lebens so klar wie jeder andere; aber es fiel ihm schwer, Gelehrsamkeit zu erlernen, und was Herdegen in einer Stunde meistern konnte, dafür brauchte er einen ganzen Tag. Dennoch gehörte er nicht zu den Dummköpfen, denn er gab sich mit aller Sorgfalt Mühe und hätte lieber eine Nacht Schlaf verloren, als das, was er für eine Pflicht hielt, nur zur Hälfte erledigt zu haben. So gab es für ihn in der Schulzeit schmerzhafte halbe Stunden; aber deshalb war er nicht zu bemitleiden, denn er hatte eine wirklich fröhliche Seele und war leicht zufrieden und liebte viele Dinge. Gute Laune und gute Laune blickten aus seinen großen blauen Augen; Ja, und als er einen Streich gespielt hatte, der ihn in Schwierigkeiten bringen könnte, hatte er einen Ausdruck in seinen Augen – einen Ausdruck, der einen Stein zum Mitleid hätte schmelzen können, viel besser, gute Cousine Maud.

Aber das nützte ihm nicht ganz, denn nachdem Herdegen eines Tages herausgefunden hatte, wie leicht Kunz der Züchtigung entging, bat er ihn, viele Missetaten, die der Ältere begangen hatte, auf sich zu nehmen; und Kunz, der ein sanftes Herz hatte, war lieber bereit, die Strafe zu erleiden, als zu sehen, wie sie seinem geliebten Bruder auferlegt wurde. Hinzu kommt, dass Kunz ein wohlhabender, schlanker junger Mann war; aber im Vergleich zu Herdegens prächtigem Aussehen und seiner robusten Gestalt sah er nicht mehr als gewöhnlich aus. Aus diesem Grund hatte er keine bösen Wünsche, während die in jeder Hinsicht ungewöhnliche Schönheit unseres Ältesten und sein hastiges Temperament, das immer bereit war, zum Guten oder Bösen überzukochen, ihm viel Unmut und Abneigung einbrachten.

Als Cousine Maud sah, wie wenig Gutes Kunz trotz seines Eifers aus seinem Lernen herausholte, war sie entschlossen, ihm einen Privatgouverneur zu beauftragen, ihn zu unterrichten; und dies tat sie auf Anraten eines gelehrten Doktors des Kirchenrechts, Albrecht Fleischmann, des Pfarrers und Propstes von St. Sebald und Mitglied des Reichsrates, denn wir Schoppers gehörten zur Pfarrei St. Sebald , zu der auch Albrecht und Friedrich gehörten Schopper , Gott segne ihre Seelen, hatte eine reiche Pfründnerstiftung angelegt.

Costnitz beiwohnte , wohin er von den Ältesten der Stadt mit verschiedenen Besorgungen zum Kaiser Sigismund geschickt wurde, der sich in einer Disputation mit Johann Huss, dem böhmischen Schismatiker, befand, brachte meinem Cousin Kenntnis von einem Statthalter, dessen Name war Peter Pihringer , gebürtiger Nürnberger. Er war es, der die griechische Sprache, die in den Lateinschulen unserer Stadt noch nicht gelehrt wurde, nicht nur in unserem Haus, sondern auch in andere brachte; Er war in der Tat überhaupt nicht wie die hochbeseelten Männer und Helden, von denen sein Plutarch schrieb; nein, er war ein wirklich bemitleidenswerter kleiner Mann, der nichts vom Leben gelernt hatte, umso mehr aus Büchern. Er war lange durch Italien gereist, von einem großen humanistischen Arzt zum anderen, und während er ihnen zu Füßen saß und seine Seele mit Wissen nährte, war sein Geld in seinen Händen dahingeschmolzen – alles, was er von seinem Vater geerbt hatte, einem würdigen Wirt und Bäckermeister. Einen großen Teil seines Besitzes hatte er an falsche Freunde geliehen, um ihn nie wieder zu sehen, und es wäre kaum zu glauben, wie oft schurkische

Schurken diesen gelehrten Mann um seine Besitztümer gebracht hatten. Schließlich kam er als bedürftiger Reisender nach Nürnberg zurück und betrat die Stadt durch dasselbe Tor, durch das Huss am selben Tag abgereist war, nachdem er auf seinem Weg nach Costnitz in Nürnberg geblieben war und verschiedene unserer gelehrten Gelehrten für seine Lehre gewonnen hatte . Nun, nachdem Magister Peter eine sehr gelehrte Predigt gegen den besagten Hans Hus geschrieben hatte, voller viel Griechisch – von der tatsächlich berichtet wurde, dass sie dem unerschrockenen Böhmen inmitten seines Kummers ein Lächeln auf die Lippen gezaubert hatte – fand er es ein Mäzen in Doktor Fleischmann, der mit diesem Traktat sehr zufrieden war und von da an seinen Lebensunterhalt damit verdiente, verschiedene Themen zu unterrichten. Aber er kam nur schlecht voran und lebte allein, sodass er vergaß zu essen und zu trinken und seinen kaum erkämpften Lohn verlor oder verlor. Einmal musste ihn die Stadtwache nach Hause bringen, weil er statt eines Buches einen Schinken bei sich trug, den ihm ein Klatsch geschenkt hatte; und an einem anderen Tag sah man ihn mit aufgesetzter Nachtmütze durch die Straßen rasen, zur großen Freude der Jungs und Mädels.

Dennoch erwies er sich des hohen Lobes, mit dem ihn seine Ehrwürdigkeit, der Präbendär, gelobt hatte, in keiner Weise unwürdig, denn er war nicht nur ein recht gelehrter, sondern auch ein treuer und langmütiger Lehrer. Aber seine Weisheit kam Herdegen , Ann und mir mehr zugute als Kunz, obwohl er seinetwegen zu uns gekommen war; und als meine Cousine die Person dieses seltsamen Mannes berührte, erzählte sie mir später, dass sie, als sie ihn zum ersten Mal sah, einen solchen Abscheu vor seinem elenden Aussehen hatte, dass sie bereit war, ihn zu gehen und den ehrwürdigen Arzt zu bitten, uns einen anderen Gouverneur zu schicken . Aber aus Mitleid würde sie ihn trotzdem auf die Probe stellen, und da ich bald erwachsen sein würde und das Herz einer jungen Magd etwas Seltsames sei, glaubte sie, dass ein jüngerer Lehrer es in Gefahr bringen könnte.

Als Meister Pihringer zu uns kam, war Herdegen bereits hoch genug, um in die Oberstufe zu gehen, denn er war Erster in seinem „Ordo"; Aber unser Vormund, der alte Ritter Hans Im Hoff, über den ich noch viel zu erzählen habe, meinte, er sei noch zu jung für die Risiken eines Lebens als freier Gelehrter an einem Gymnasium fern der Heimat, und er behielt ihn noch zwei Jahre in Nürnberg an der Schule der Brüder vom Heiligen Geist, obwohl der Unterricht dort nicht der beste war. Jedenfalls erklärte Meister Pihringer , dass wir in allen Fragen der Bildung weit hinter den Italienern zurückblieben; und wie rau und barbarisch das Latein war, das von den ehrwürdigen Patres gesprochen und von ihnen in den Schulen gelehrt wurde, konnte ich später selbst beurteilen.

Ihre Art, diese Sprache zu vermitteln, war in Wahrheit seltsam; Denn um die Anzahl der Silben im Gedächtnis der Schüler festzuhalten, wurden sie gezwungen, Verse im Chor zu singen, während einer von ihnen, dem Pater Hieronymus als Zeichen seines Amtes eine Papierkappe auf den Kopf setzte, mit einem Holzschwert den Takt schlug ; Aber was für unheilvolle Streiche der widerspenstige Verfolger die ganze Zeit spielen würde, könnte Kunz besser beschreiben als ich.

Von den großen und berühmten Werken der römischen Chronisten und Dichter, die unser Meister in Italien gut kennengelernt hatte – von denen er außerdem schöne Kopien besaß –, hörte man in der Schule der Kirchenväter nie etwas, und zwar aus dem Grund, weil diese Schriftsteller allesamt einfache Schriftsteller gewesen waren blinder Heide; Aber wahrlich, die gewöhnlichen Schulkatechismen, die den Knaben zum Unterricht gegeben wurden, enthielten so dumme und schlecht durchdachte Dinge, dass jeder weise Heide sich ihrer geschämt hätte. Die höchste Übung bestand aus Disputationen über alle möglichen subtilen und heiklen Fragen, und die lateinischen Verse, die die Gelehrten unter der Herrschaft von Pater Jodocus ausarbeiteten, waren so abscheulich, dass sie Magister Peter zu großem und gerechtem Zorn erregten. Jeden Morgen, bevor die Aufgaben des Tages begannen, wurde die schöne alte Hymne Salve Regina gesungen, und dies wurde in der Schule der Brüder viel besser getan als in jeder anderen Schule, denn diese Mönche legten besonderen Wert auf das Üben guter Musik. Mein Herdegen profitierte davon sehr, und er war der Beste unter allen Gesangsgelehrten. Ebenso nahm er gerne und aus freien Stücken an den Übungen der Alumni teil, von denen zwölf, die Pueri genannt , bei der heiligen Messe, bei Begräbnissen und Festen sowie auf den Straßen vor den Häusern der Alumni singen mussten tolle Stadtfamilien und andere würdige Bürger. Das Geld, das sie so verdienten, diente dazu, den Unterhalt der ärmeren Gelehrten zu finanzieren, und natürlich war mein Bruder bereit, auf seinen Anteil zu verzichten; ja, und ein großer Teil seines eigenen Taschengeldes ging an diese zwölf, denn unter ihnen waren Kameraden, die er wirklich liebte.

In meinem älteren Bruder lag etwas Herrliches, und seine Mitmenschen waren stets seinem Willen unterworfen. Sogar bei den Schießkämpfen im Sport wurde er immer zum Kapitän gewählt, und die singenden Pueri würden bald jeden seiner Befehle erfüllen. Cousine Maud schenkte ihnen an vielen Sonn- und Feiertagen Gratis-Getreide, und als sie an unserem Tisch ihre hungrigen Jungpflanzen für die kommende Woche mit magerer Kost satt gemacht hatten, gingen sie mit uns in den Garten, und schon klingelte es mit fröhlichen Liedern schlug Herdegen den Takt, während wir jungen Mägde willig mitmachten.

Meistens waren wir drei – Ann, Elsa Ebner und ich – die einzigen Mägde bei den Jungs, aber Ursula Tetzel war manchmal bei uns, denn sie war immer gern dort, wo Herdegen war. Und bevor ich zur Schule ging, hatte er immer fleißig auf sie aufgepasst. Es gab ein Geben und Nehmen von Blumen und Blumensträußen, denn er hatte sie zu seiner Frau erwählt, und sie nannte ihn ihren Ritter; und wenn ich ihn mit einem roten Knoten auf seiner Mütze sah , wusste ich genau, dass er ihre Farbe tragen sollte; Und mir gefiel dieses ganze Kinderspiel auch recht gut, denn ich hatte auch meine gewählte Farbe: Grün, bezogen auf meine Cousine im Wald.

Aber als ich in die Klosterschule ging, war das alles zu Ende, und ich hatte keine andere Wahl, als auf meine kindlichen Liebesdinge zu verzichten, nicht nur um meiner Aufgaben willen, sondern weil ich erkannte, dass Götz eine ernstere Liebesaffäre hatte Hand, und dass jemand seine Eltern zu großem Kummer bewegte.

Das Mädchen, dem er seine Liebe entgegenbrachte, war die Tochter eines gewöhnlichen Handwerkers, Pernhart , des Kupferschmieds, und als mir das zu Ohren kam, ärgerte es mich sehr; nein, und kostete mich bittere Tränen, als ich es Ann erzählte. Aber schon bald spielten wir wieder ganz vergnügt mit unseren Dollys.

Dennoch nahm ich mir diese Angelegenheit mehr zu Herzen, als es viele andere meiner Jahre vielleicht getan hätten; und als wir wieder zur Forest Lodge gingen und ich Götz an seinem Platz vermisste, hörte ich einmal, als es fiel, meine Tante zu Cousine Maud bitterlich über die Sorgen klagen, die ihr einziger Sohn über sie gebracht hatte – denn er war fest entschlossen Ich nahm die arbeitende Frau in heiliger Ehe zur Frau – in meinem Herzen übernahm ich die Rolle meiner Tante. Und ich empfand es als eine beschämende und schmerzliche Sache, dass ein so feiner junger Herr sich erniedrigen konnte, um um einer mittelmäßigen Magd willen die besten Eltern zu belasten.

Danach, an einem Sonntag, ging ich zufällig mit Ann zur Messe in die St.-Laurentius-Kirche und nicht in die St.- Sebald-Kirche , zu der wir gehörten. Nachdem ich mein Gebet gesprochen hatte, schaute ich mich um und erblickte Götz und sah, wie er, während er an einer Säule lehnte, seinen Blick auf eine bestimmte Stelle gerichtet hielt. Meine Augen folgten seinen, und sofort erkannte ich, wohin sie gezogen wurden, denn ich sah ein junges Mädchen aus der Bürgerklasse in prächtiger, ja – in reicher Pracht, und sie selbst war von so seltener und wunderbarer Schönheit, dass ich selbst es nicht ertragen konnte Ich lasse sie aus den Augen. Und ich erinnerte mich, dass ich das Mädchen vor einiger Zeit am Johannisfest getroffen hatte und dass Onkel Christian Pfinzing , mein verehrter Pate, Cousin Maud auf sie aufmerksam gemacht und gesagt hatte, sie sei die schönste Magd in Nürnberg, die es gab Sie nannten, und das zu Recht, die schöne Gertrude.

Je länger ich sie nun ansah, desto schöner erschien ich ihr, und als Ann erfuhr, was ich sofort geahnt hatte, dass dieses süße Mädchen die Tochter von Pernhart , dem Kupferschmied, war, freute sich das Herz meines Kindes, denn wenn meine Cousine es war Ohne Zweifel die beste Figur eines Mannes in der ganzen Versammlung. Schöne Gertrude war meiner Meinung nach die süßeste Magd auf der ganzen weiten Welt.

Wenn es möglich gewesen wäre, dass sie noch schöner wäre, hätte es meine Freude nur noch vergrößert. Und von nun an ging ich so oft ich konnte nach St. Laurence und am Haus des Kupferschmieds vorbei, um die schöne Gertrude zu sehen; und mein Herz schlug hoch vor Freude, als sie mich eines Tages vorbeigehen sah, sich gnädig vor meinem stillen Gruß verneigte und mir freundlich fragend ins Gesicht blickte.

Als Götz danach in unser Haus kam, empfing ich ihn wie zuvor gern; Und eines Tages, als ich es wagte, ihm ins Ohr zu flüstern, dass ich seine schöne Gertrude gesehen hatte und dass keine Heilige im Himmel mit Sicherheit ein süßeres Gesicht haben könnte als ihres, dankte er mir mit einem strahlenden Blick, und zwar aus tiefstem Herzen seine Seele, dass er sagte: „Wenn du nur ihr treues Herz aus Gold kennen könntest!"

Denn das alles war mir Götz lieber als früher, und es bestärkte mich in meiner eigenen Einbildung, dass er einem dummen jungen Ding, wie ich es war, so viel Vertrauen schenken konnte. Aber in späteren Tagen machte es mich traurig, zu sehen, wie sein offenes und edles Gesicht immer trauriger, ja sogar düsterer wurde; und ich wusste genau, was ihn schmerzte, denn ein Kind kann oft viel mehr sehen, als seine Eltern denken. Zwischen dem Sohn und den Eltern war es zu einem heftigen Streit gekommen, und ich kannte meinen Cousin gut und seinen eisernen Willen, der bei uns ein Inbegriff war. Und meine Tante im Wald war genauso gesinnt; Auch wenn ihr Körper kränklich war, gehörte sie zu den Frauen, die es nicht ertragen, wenn man ihnen Widerstand leistet, und mein Herz hing schwer vor Angst, als ich mir den Ausgang dieser Angelegenheit vorstellte.

Daher war es für mich wirklich ein Segen, dass ich meine Ann zur Freundin hatte und ihr alles mitteilen konnte, was meine junge Seele mit Ängsten erfüllte. Wie unsere Wangen brannten, wenn wir oft von der Liebe sprachen, die das Band zwischen Götz und seiner schönen Gertrude darstellte. Für uns war es zwar noch ein Rätsel, aber dass es süß und voller Freude war, hielten wir für eine Gewissheit. Am liebsten hätten wir den Kaiser und die Welt zu den Waffen gerufen gegen die rücksichtslosen Eltern, die eine so heilige Blüte in den Staub treten wollten; Aber da dies nicht in unserer Macht stand, träumten wir davon, einen Versuch zu unternehmen, um das Herz meiner

Waldtante zu berühren, denn sie hatte nur diesen einen Sohn und keine Tochter, die sie glücklich gemacht hätte, und ich war schon immer ihr Favorit gewesen.

So vergingen viele Wochen, und eines Morgens, als ich aus der Schule kam, fand ich Götz mit Cousine Maud, die mit ihm gesprochen hatte, und ihre Augen waren feucht von Tränen; und ich hörte ihn schreien:

„Es liegt in der Macht meiner Mutter, mich ins Elend und ins Verderben zu treiben; aber keine Macht im Himmel oder auf Erden kann mich dazu bringen, den Eid zu brechen und dem Glauben, den ich geschworen habe, abzuschwören!"

Und seine Wangen waren rot, und ich hatte ihn noch nie so großartig und groß gesehen.

Als er mich dann sah, streckte er mir in seiner offenen, liebevollen Art beide Hände entgegen, und ich nahm sie von ganzem Herzen. Dabei schaute er mir in die Augen, die voller Tränen waren, und er zog mich hastig an sich und küsste mich zum ersten Mal in seinem Leben mit seltsamer Leidenschaft auf meine Stirn; und ohne ein weiteres Wort lief er aus der Haustür auf die Straße. Meine Cousine blickte ihm nach, schüttelte traurig den Kopf und wischte sich die Augen; aber als ich sie fragte, was mit meiner Cousine los sei , sagte sie mir nichts darüber.

Am nächsten Tag hätten wir in den Wald gehen sollen, aber wir blieben zu Hause; Tante Jacoba würde niemanden sehen. Ihr Sohn hatte der Wohnung seiner Eltern den Rücken gekehrt und war als Fremder unter Fremden ausgezogen. Und dies war der erste schmerzliche Kummer, den der Himmel in mein junges Herz sandte.

KAPITEL IV.

Viele der schönsten Erinnerungen meiner Kindheit sind mit dem Haus verbunden, in dem Anns Eltern wohnten. Es war in der Tat nur ein einfaches Zuhause und konnte weder wegen seiner Größe noch wegen seines Reichtums mit dem unseren – dem Schopperhof – benannt werden ; Aber es war ein gemütliches Nest und in vielerlei Hinsicht so anders als jedes andere, dass es für ein Kind voller Freuden war.

Meister Spiesz , Anns Vater, war aus Venedig, wo er im Dienste des Kaufmannshauses Mendel gestanden hatte, berufen worden, in Nürnberg Oberschreiber zu werden, zunächst in der Steuerkammer und dann in der Kanzlei, ein angesehener Posten von großer Bedeutung Vertrauen. Sein Vater war, wie Ursula Tetzel in der Schule gesagt hatte, Lautenspieler ; aber er galt schon lange als Oberhaupt und Oberlehrer der edlen Musikkunst und genoss bei Geistlichen und Laien so großes Ansehen, dass er zum Meister und Leiter des Kirchenchores und sogar in den Häusern des städtischen Adels ernannt wurde sein Lauten- und Gesangsunterricht galt als der beste. Er war ein recht wohlgesonnener und fröhlicher alter Mann, von einem selten guten Herzen und Temperament und von erstaunlich guten Fähigkeiten. Als der ehrwürdige Stadtrat seinen Sohn Veit berief Als Spiesz nach Nürnberg zurückkehrte, musste der alte Mann ihm ein richtiges Haus einrichten, da er selbst mit einer kleinen Kammer zufrieden war und der Schreiber zu dieser Zeit mit der schönen Giovanna verheiratet war, der Tochter eines der Sensali oder Makler des deutschen Fondaco und muss ein eigenes Zuhause und einen eigenen Herd haben.

> [Sensali – Agenten, die alle Geschäftsangelegenheiten zwischen den deutschen und venezianischen Kaufleuten abwickelten. Nicht einmal die kleinste Angelegenheit wurde wegen der von der Republik geforderten Pflichten ohne ihr Eingreifen geregelt. Der Fondaco war der Name der großen Börse, die die Republik selbst für den deutschen Handel eingerichtet hatte.]

Der Musiker, der als Student in Venedig gelebt hatte, kam auf die Idee, seiner Schwiegertochter in Nürnberg ein Zuhause zu geben, wie das Haus ihres Vaters, das an einem der Kanäle in Venedig stand; Also fand er ein Haus mit Fenstern, die auf den Fluss hinausgingen und das er deshalb für geeignet hielt, ihr Heimweh zu lindern. Und wahrlich, die venezianische Dame war mit der Platzierung ihres Hauses zufrieden und noch mehr mit der liebevollen Fürsorge des alten Mannes für sie; obwohl das Haus zu hoch und so schmal war, dass es in jedem Stockwerk nur zwei Fenster gab. So gab es im Haus des Spiesz kein Hin- und Hergehen , sondern nur ein Auf- und

Abgehen. Dennoch liebte es die Venezianerin, und ich habe sie sagen hören, dass es in ganz Nürnberg keinen schöneren Ort gäbe als den Fensterplatz im zweiten Stock ihres Hauses. Da standen ihr Spinnrad und ihr Nähkästchen; und ein heller venezianischer Spiegel, den sie im Scherz „Frau der Neugierigen" nannte, zeigte ihr alles, was auf dem Fluss und der Fleischbrücke vor sich ging , denn ihr Haus war nicht weit von denen entfernt, die den Franziskanerbrüdern gegenüberstanden. Dort herrschte sie in Frieden und guter Ordnung, in Liebe und aller Süße, und ihre Kinder gediehen genauso wie die Blumen unter ihrer Hand: Rosen, Aurikeln, Nelken und Stiefmütterchen; Und wer mit dem Boot am Haus vorbeifuhr, konnte drinnen Fröhlichkeit und die Stimme des Gesangs hören. Denn die Spiesz-Kinder hatten ein gutes Ohr für Musik, sowohl von ihrem Großvater als auch von ihrer Mutter, und süße, klare, glockenartige Stimmen. Meine Ann war die Königin von allen, und die Kehle ihrer Nachtigall lockte sogar Herdegen mit großer Kraft zu sich.

Nur eines der Kinder des Schreibers, der kleine Mario, war von der Welt der Töne ausgeschlossen, da er als Taubstumme geboren wurde; und wenn Ann unter unserem Dach verweilte, tatsächlich selten und nur für kurze Zeit, war ihr Aufenthalt ihm zuliebe kurz; denn sie kümmerte sich mit solcher Fürsorge und Liebe um ihn, als wäre sie seine eigene Mutter gewesen. Obwohl ihr dadurch große Mühen auferlegt wurden , waren diese nichts im Vergleich zu den herzlichen Freuden, die ihr die Liebe und das gute Tempo dieses Kindes bereiteten; Denn obwohl er so mit Kummer geboren wurde, wuchs er durch die treue Fürsorge seiner Schwester zu einem glücklichen und dankbaren Geschöpf heran. Meine Cousine Maud war oft Zeugin, wie sie ihren kleinen Bruder unterrichtete, und alles, was Ann für das Kind tat, kam ihr so fromm und wunderbar vor, dass es die letzte Schranke sprengte, die unserer engen Gemeinschaft im Wege stand. Und Anns geliebte Mutter gewann ebenfalls die Gunst meiner Cousine, obwohl sie schnell erkannte, dass die italienische Dame mit den deutschen Sitten, insbesondere denen Nürnbergs, nur schlecht werden konnte, und immer bereit war, Ann die Bürde tragen zu lassen des Haushalts.

Alle unsere engsten Freunde und vor allem mein verehrter Pate Onkel Christian Pfinzing liebten meine kleine Ann schon lange wirklich; und von all unseren Kameraden kannte ich nur eine, die ihr gegenüber schlecht gesinnt war, und das war Ursula Tetzel, die mit schlecht verhülltem Zorn bemerkte, dass mein Bruder Herdegen sich immer weniger um sie kümmerte, und Ann viele ein wenig tat Höflichkeit, mit der er sie zuvor bevorzugt hatte. Sie konnte ihren Zorn nicht verbergen, und als mein ältester Bruder Ann an ihrem Namenstag mit den „ Pueri " aufwartete, um ihr eine „Serenata" auf dem Wasser zu schenken, während er vor einem Jahr Ursula die gleiche Ehre erwiesen hatte, sie Ich überfiel meine Freundin in unserem Garten mit so heftigen und grausamen Worten, dass meine Cousine zwischen sie treten und dann meinen großen Zorn zügeln musste, indem sie sagte, dass Ursula ein mutterloses Kind sei, dessen hastiges Verhalten noch nie von einer liebevollen Hand gezügelt worden sei.

Wenn ich mich jetzt an diese Tage erinnere, tue ich dies mit tief empfundener Dankbarkeit und Freude. Allerdings gefiel es unserem Großonkel und Vormund, dem Ritter Im Hoff, nur wenig, dass Cousine Maud zuließ, dass ich, die Tochter eines Adelshauses, mich mit der niederen Rasse eines einfachen Schreibers vermischen sollte; Aber in der Tat war Ann in unserem Haus, unter meinen Brüdern und ihren Kameraden, bei weitem eher dazu geneigt, Unheil zu erleiden, als ich in dem friedlichen Haus am Fluss, wo man nichts außer anständiger Rede und süßem Gesang hörte und nie außer Arbeit sah und gute Ordnung und Inhalt.

Ich war wirklich froh, dort zu bleiben; Aber wie gut war es doch, als Ann die Erlaubnis bekam, den ganzen Sonntag von Mittag bis zum Abend zu uns zu kommen; als wir zum ersten Mal zusammensaßen und plauderten und alleine zusammen spielten und über alles sprachen, was wir in der Schule gemacht hatten; Danach hatten wir meine Brüder bei uns und gingen unter der Obhut meines Cousins oder des Magisters Peter an die Luft, oder blieben zu Hause, um zu singen oder fröhliche Zeitvertreib zu haben.

Nach dem Ave Maria kam der alte Organist Adam Heyden , Anns Großonkel, um sie zu suchen, und viele schöne Erinnerungen an diesen würdigen und begabten Mann bleiben in meiner Erinnerung, die ich niederschreiben könnte, wenn ich nicht Anns Schuldner wäre für so viele Dinge, die meine Kindheit glücklich gemacht haben. Mit Sicherheit war sie es, die mir als Erste das Spielen beigebracht hat; Denn während meine Puppen, Waffenmänner und Ladenspiele, obwohl sie klein waren, in allen Punkten den wirklich Großen glichen, hatte sie nur einen Stab aus Holz, um den ein Halstuch gewickelt war und den sie eine Weile in ihren Armen wiegte Baby; und wenn sie mit den Kleinen ein Ladenspiel spielte, markierte sie Steine und Blätter als ihre Waren und ihr Geld und fand so einen viel größeren Zeitvertreib als wir, als wir mit Feigen, Mandeln und Nelken aus kleinen Holzkisten und Leinen spielten. Stoffsäcke und wog sie mit Messinggewichten auf kleinen Waagen mit Zunge und Schnur. Sie war es, die meine Fantasie in meine Freizeitbeschäftigungen einfließen ließ, und oft hat sie meine Fantasie weit genug von der Pegnitz getragen , über Meere und Flüsse bis hin zu Palmenhainen und goldenen Feenländern.

Unsere Gemeinschaft mit meinen Brüdern war ihr genauso dankbar wie mir; Aber mir scheint, dass es in jenen frühen Jahren etwas anderes war als in späteren Tagen. Während ich schreibe, kommt mir ein bestimmter Sommertag aus dieser längst vergangenen Zeit seltsam klar in den Sinn. Wir hatten lange genug in unserem Zimmer gespielt und fanden es auf dem Dachboden unter dem Dach, wo wir auf die Balken geklettert waren, die großartig waren, zu heiß, also gingen wir in den Garten hinunter. Herdegen hatte uns nach Mittag eilig verlassen, und wir fanden niemanden außer Kunz, der Pfeile für seine Armbrust formte. Aber schon bald warf er sein Messer weg und kam zu uns, und da er Ann als meine Freundin wohlgesonnen war, tat er sein Bestes, um in ihren Augen gefällig oder zumindest bemerkenswert zu sein. Er stellte sich auf den Kopf und kletterte dann auf die Spitze des höchsten Obstbaums und warf Birnen hinab, aber sie trafen ihren Kopf, so dass sie aufschrie; dann drehte er ein Rad an seinen Händen und Füßen, und noch ein bisschen mehr, und sein Schuh traf sie ins Gesicht; Und als er merkte, dass er uns nur beunruhigte, ging er traurig weg, aber nur, um sich hinter einem Busch zu verstecken, und als wir vorbeigingen, stürzte er plötzlich heraus und versetzte uns durch wildes Geschrei in Angst und Schrecken.

Mein ältester Bruder erschreckte uns fast noch mehr, als er sich zu uns gesellte, denn sein Haar war völlig ungepflegt und sein Aussehen wild. Er war nun in einem Alter, in dem Männer-Kinder Mägde für schwach und ungeeignet für echten Sport hielten, sich aber dennoch mit aller Kraft darum bemühten, von ihnen markiert und ausgewählt zu werden. Deshalb hatten ihm Ursulas Freundlichkeit, die sie offen zur Schau gestellt hatte, lange Zeit sehr gefallen, doch inzwischen war er ihrer überdrüssig und begann zu glauben, dass ihm die gute kleine Ann mit ihrer Nachtigallenstimme mehr gefiel.

Nachdem er uns hastig begrüßt hatte, weihte er uns sofort in eine schlimme Angelegenheit ein. Einer seiner Kameraden, Laurence Abenberger , der Sohn eines Apothekers, der fleißig in der Schule war und einen wunderbar frommen Geist hatte, widmete seine ganze Freizeit allen Arten von Zauberkünsten, und obwohl er erst siebzehn Jahre alt war, Er hatte bereits für viele Leute und für uns Mägde Krippenfiguren gegossen und uns von mancherlei schlechten Vorzeichen für die Zukunft erzählt. Dieser Abenberger , ein kleiner Kerl von unbedeutender Bedeutung, hatte in einigen alten Papieren ein Rezept zum Entdecken von Schätzen gefunden und das Geheimnis Herdegen und einigen anderen verraten. Zunächst gingen sie auf seinen Befehl hin mit ihm zum Friedhof und gossen dort bei Vollmond heißes Blei in das linke Augenloch eines Schädels und verarbeiteten es zu Pfeilspitzen. Gestern Nacht waren sie bis nach Sinterspuhel weitergereist und hatten dort um Mitternacht an der Kreuzung gestanden und mit denselben Pfeilspitzen in alle vier Viertel geschossen, um dort, wo auch immer die Pfeile niederschlugen, nach Schätzen zu graben . Aber sie fanden keinen Schatz, sondern eine frisch begrabene Leiche, und sie machten sich in aller Eile auf den Weg. Herdegen war nur mit Abenberger zurückgeblieben , und als er sah, dass der Kopf des Toten tiefe Wunden aufwies, wollte er die Nachricht den Richtern im Rat überbringen; Dennoch wollte er noch eine Weile zögern, denn Abenberger hatte ihn gebeten, Stillschweigen zu bewahren und ihm kein böses Ende zu bereiten. Aber als er an der Waffenschule vorbeigegangen war, hatte er erfahren, dass ein Lehrling vermisst wurde und dass man befürchtete, er sei von Plünderern überfallen worden oder in böse Hände geraten; Daher hielt er es nun für seine Pflicht, über den Fund der Leiche nicht länger Stillschweigen zu bewahren, und wünschte, von mir und Ann beraten zu werden. Während ich für meinen Teil kurz und deutlich erklärte, dass ihm, dem Bürgermeister , sofort Informationen vorgelegt werden müssen , überkam Ann ein seltsames Zittern, und obwohl sie mir nicht „Nein“ sagen konnte, hatte sie große Angst, dass schweres Unheil über sie hereinbrechen könnte Herdegen wegen seiner gedankenlosen Tat, dass Tränen in Strömen über ihre Wangen liefen und es mich große Schmerzen kostete, sie jemals zu trösten, so mutig und vernünftig sie auch immer war. Aber Herdegen war über ihre allzu großen Ängste sehr erfreut; und obwohl er sie auslachte, nannte er sie seinen treuen, ängstlichen kleinen Hasen und steckte ihr das Rosa, das er in seiner Jacke trug, ins Haar. Daraufhin war sie bald wieder sie selbst; sie riet ihm sofort, das zu tun, was seine Pflicht sei; und als die Behörden danach eine Untersuchung durchgeführt hatten, stellte sich heraus, dass unsere Jungs tatsächlich auf die Leiche des getöteten Lehrlings gestoßen waren. Und obwohl Herdegen sein Bestes tat, um über Abenbergers Übeltaten Stillschweigen zu bewahren, kamen sie dennoch auf andere Weise ans Licht, und der arme Kerl wurde aus der Schule entlassen.

Zwei Jahre später hatten sich die Dinge in unserem Haushalt verändert.

Die zwölf „ Pueri “ waren unsere Gäste beim Abendessen gewesen und sangen im Garten fröhliche Runden, die uns wohlbekannt waren, und ich stimmte mit Ann und Ursula Tetzel ein. Während Herdegen nun den Takt schlug, war sein Ohr auf Anns Gesang gerichtet, als ob eine Offenbarung auf ihren Lippen wäre; und sein geliebter Begleiter, Heinrich Trardorf , der einst aus gebührender Bescheidenheit mir, Margery, den Vorzug gegeben hatte, schien von ihrem Gesang ebenfalls gut angetan zu sein; und als wir aufhörten , begann er eifrig mit ihr zu reden, denn er hatte zu ihr geweint, dass er, obwohl er mich sehr liebte, als Sohn eines einfachen Volkes seine Augen nie so hoch erheben würde.

Herdegens Augen ruhten mit einem kleinen Zorn auf den beiden; dann stand er hastig auf! Er schnappte sich die letzten kostbaren Rosen von Cousine Maud aus ihrem Lieblingsstrauch, schenkte sie Ursula und bediente sie dann, als wäre sie die einzige anwesende Magd. Aber es dauerte nicht lange, bis ihr Vater sie abholte, und sobald sie strahlend mit ihren Rosen gegangen war, kam Herdegen eilig zu mir und wünschte mir, ohne Ann für würdig zu halten, auch nur eines Blickes zu würdigen, Guten Abend. Ich hielt seine Hand und rief ihr zu, sie solle zu mir kommen und mir helfen, ihn am Weggehen zu hindern, da einer der Pueri gerade dabei war, Laute zu spielen, damit die anderen tanzen sollten. Sie trat vor, wie es sich für eine ehrliche Magd gehörte, blickte mit ihren großen Augen zu ihm auf und bat ihn liebevoll, bei uns zu bleiben.

Er deutete mit der Hand auf Trardorf und antwortete grob: „Ich möchte keine halben Sachen machen!“ Und er drehte sich um, um zum Tor zu gehen.

Ann nahm ihn bei der Hand, und ohne ein Wort über sein Verhalten mit Ursula zu sagen, nicht im Tadel, sondern in tiefem Kummer, sagte sie: „Wenn du gehst, tust du mir weh. Ich habe keine Freude, aber wenn du da bist, und was kümmert mich Heinrich?“

Das war alles, was er brauchte; Sein Blick begegnete ihrem wieder mit strahlenden Blicken, und von dieser Stunde unserer Kindheit an kannte sie keinen anderen Willen als seinen.

Von dieser Stunde an hielt sich auch Ann von allen anderen Jungs zurück, und als er in seiner Nähe war, schien es, als hätte sie keine Augen und Ohren außer für ihn und mich allein. Kunz schenkte sie wenig Beachtung; Dennoch ließ er es nie versäumen, ihr zu dienen und darauf zu achten, dass sie ihre Dienste verrichtete, als wäre sie die Tochter eines großen Herrn und er nicht mehr als ihr Page.

Ann gestand mir offen zu, dass sie Herdegen für den edelsten Jugendlichen auf Erden hielt, und ich konnte mich auch nicht wundern, wenn ich selbst derselben Meinung war. Was sollte ich, als ich erst vierzehn oder fünfzehn Jahre alt war, über die Liebe und ihre Gefahren wissen? Ich hatte eine solche Liebe für Götz empfunden wie Ann für meinen älteren Bruder, und da ich damals froh gewesen war, dass meine liebe Cousine die Liebe einer so schönen Magd wie Gertrude gewonnen hatte, glaubte ich auch, dass Ann eines Tages froh sein würde, wenn Herdegen es tun würde verteidige seinen Treu zu einem schönen Mädchen von hohem Grad. Daher tat ich alles, was in meiner Macht stand, um sie zusammenzubringen, wann immer es möglich war, und in der Tat geschah dies oft genug ohne meine Hilfe; Denn nicht nur die Musik verband sie, noch dass Herdegen und ich ihr das Reiten auf dem sandigen Weg hinter unseren Pferdeställen beibrachten – der Griechischunterricht, für den Magister Peter in den Haushalt gekommen war, war eine Bitte die sie viele Stunden miteinander verbrachten.

Ich habe diese Sprache nur langsam gelernt; Aber Anns Kopf war nicht weniger geschickt als der meines Bruders, und er war bestrebt und fleißig, ihre Geschwindigkeit auf dem gleichen Niveau wie seine eigene zu halten, was sie so schnell begriff. So waren beide endlich so weit, das Griechische ins Deutsche zu übersetzen, und dann wurde Magister Peter gebeten, ihnen seine Hilfe zu leisten. Nun war die Veränderung des würdigen Mannes, nachdem er vier Jahre lang an unserem Tisch gegessen hatte, so groß, dass viele gesagt hätten, es sei ein Wunder. Als er zum ersten Mal zu uns kam, sagte er selbst, er habe geglaubt, er sei ein dem Untergang geweihter Sohn des Unglücks, und er habe es kaum gewagt, einem Mann oder einer Frau ins Gesicht zu sehen; und was für eine gute Figur er jetzt machte, ungeachtet der verschiedenen Streiche, die meine Brüder und ihre Kameraden seiner Einfachheit spielten, ja, und einige Zeit auch ich.

Viele Menschen zuvor haben darauf hingewiesen, dass der Gott Amor der beste Schulmeister ist; und als unser Magister gelernt hatte, sich weniger zu bücken, ja fast gerade zu halten, als er wie jetzt seinen guten neuen Mantel mit weit herabhängenden Ärmeln, eng anliegenden Hosen, einem gut versteiften, schneeweißen Kragen und sogar einem trug Als er seine elegante schwarze Feder in seiner Beretta trug und sein Haar nicht nur glättete, sondern auch salbte, geschah dies alles ursprünglich aus großer und wahrer Liebe zu meiner Ann, als sie noch ein Kind war.

Meine vorsichtige Cousine Maud hatte allerdings dem blinden Gott der Liebe gute Dienste geleistet; Oft brachte sie mit eigener Hand etwas in Ordnung, das der Magister völlig in Verlegenheit gebracht hatte, und bei verschiedenen Gelegenheiten schenkte sie ihm ein Stück feinen Stoff und damit die Kosten für die Arbeit des Schneiders in hellem Glanz neue Münze in farbiges Papier gewickelt. Sie brachte ihn dazu, Ordnung zu halten und seine Stunden einzuhalten, und wenn ernstes Reden nichts nützte , konnte sie ihn mit freundlichem Spott auslachen, wie er keinem Menschen schadet, sofern er das Ergebnis eines guten Herzens ist. So kam es, dass Magister Peter zu der Zeit, als Herdegen das Gymnasium in Erfurt besuchen sollte, anderen gelehrten Männern seines Standes nicht merkwürdig unähnlich war; und als er über die großen Gelehrten Italiens oder die glorreichen griechischen Schriftsteller reden musste, sah ich, wie seine Augen wie die eines Jünglings aufleuchteten.

Unser Vormund überwachte die Lerngeschwindigkeit meiner Brüder. Der alte Ritter Im Hoff war ein etwas strenger und schüchterner Mann, aber kaum ein anderer besaß so großen Reichtum oder genoss in unserer Stadt so hohes Ansehen. Er war unser Großonkel, so wie der alte Adam Heyden Anns Großonkel war, und es würde schwer sein, zwei Männer zu finden, die sich weniger ähnlich sahen.

Wenn man uns aufforderte, meinem Vormund unser Devoir zu bezahlen, geschah das selten, sondern mit viel Klagen und Unhöflichkeit; wohingegen es immer ein Fest war, mit Ann zum Haus des Organisten zu gehen. Er wohnte in einer schönen Unterkunft hoch oben im Turm über der Stadt und konnte von seinen Fenstern herabblicken, wie Gott, der Allmächtige, vom hellen Himmel auf die Erde herabschaut, über Nürnberg und die Festung auf dem Hügel, den weiten Ring der Wald, der sie im Norden, Osten und Süden bewacht, die Wiesen und Dörfer, die sich zwischen den Wäldern erstrecken, und die Mauern und Türme unserer guten Stadt und die Windungen des Flusses Pegnitz . Er prahlte gern damit, dass er der Erste war, der die Sonne willkommen hieß, und der Letzte, der ihr eine gute Nacht wünschte; und vielleicht war es das Licht, an dem er einen so großen Anteil hatte, dass sein Geist seine stets fröhliche Fröhlichkeit verdankte. Er war immer mit einem Scherz und einem kleinen Geschenk für uns Kinder bereit; und obwohl diese wenig Geld wert waren, bereiteten sie uns viel Freude. Und tatsächlich gab es in Nürnberg noch nie einen Menschen, der so viele Zeichen verschenkte und damit so viele Herzen und Gesichter erfreute wie Adam Heyden . Tatsächlich war er nach einem kurzen, aber gesegneten Eheleben als Witwer und kinderlos zurückgeblieben und hatte keine Lust, für seine Erben zu sparen; Und doch hatte Gottfried Spiesz , Anns Großvater, Recht, als er sagte, dass er in Nürnberg mehr Kinder als je zuvor hatte, denn er war wie ein Vater für jeden Knaben und jedes Mädchen in der Stadt.

Als er die Straße hinunterging, waren alle Kleinen so froh, als ob sie Christus dem Herrn oder dem Heiligen Nikolaus begegnet wären; und während sie sich mit der linken Hand an seinem langen Kleid festhielten, stopften sie sich mit der rechten den Mund mit den Äpfeln oder Kuchen, von denen seine Taschen nie leer zu sein schienen.

Aber Master Adam hatte seine schwache Seite, und es gab viele, die ihm die Schuld dafür gaben, dass er guten Alkohol zu sehr liebte. Allerdings trank er auf seine ganz eigene Art und Weise, keineswegs unziemlich. An bestimmten Tagen des Jahres blieb er nämlich allein in seinem Turm und seine Lampe leuchtete bis Mitternacht. Dort saß er allein mit seinem Weinkrug und seiner Tasse und trank schweigend den ersten, zweiten und dritten Wein, zur guten Eile von Elsa, seiner verstorbenen Frau. Danach begann er mit leiser Stimme zu singen, und vor jeder neuen Tasse, die er hob, rief er laut: „ Prosit , Adam!“ und als es leer war: „Ich danke Ihnen herzlich, Heyden !“

So machte er weiter, bis er mehrere Krüge ausgetrunken hatte und es schien, als würde sich der Turm um ihn herum drehen. Dann zu seinem Bett, wo er von seiner Elsa und den guten alten Zeiten träumte, den Menschen, die er geliebt hatte, seinen jugendlichen Liebesbeziehungen und all den schönen und wunderbaren Dingen, die ihm sein einsames Trinkgelage innerlich vor Augen geführt hatte. Am nächsten Morgen war er treu seiner Pflicht nachgekommen. Gemeinsame Abende, die ihm nichts bedeuteten, verbrachte er mit den Spiesz- Leuten in dem kleinen Haus am Fluss oder in der Herrenschenke im Frohnwage ; denn obwohl sich dort niemand außer den Adelsfamilien der Stadt, Gelehrten und bedeutenden Künstlern traf, galt

Adam Heyden , der Organist, als gleichberechtigter und recht willkommener Gast.

Und nun berühren wir unseren Großonkel und Vormund, den Ritter Sir Sebald
Im Hoff.

Manch einer wird verstehen, dass meine Angst vor ihm größer wurde, als ich eines Abends durch ein Missgeschick in sein Schlafzimmer ging und dort einen schwarzen Sarg sah, in dem er jede Nacht sozusagen in einem Bett zu schlafen pflegte. An dem Mann selbst konnte man leicht erkennen, dass ein tiefer Kummer oder eine schwere Sünde an seinem Herzen nagte, und dennoch war er einer der stattlichsten alten Herren, die ich in meinem langen Leben getroffen habe. Sein Gesicht schien aus Metall gegossen zu sein und war von wunderbarer Schönheit , aber tödlich und unveränderlich blass. Sein schneeweißes Haar fiel in langen Locken über seinen Kragen aus Zobelfell, und sein kurzer, spitz geschnittener Bart war ebenfalls von silbernem Weiß. Als er aufstand , war er viel größer als gewöhnlich und ging mit fürstlicher Würde. Viele Jahre lang hatte er aufgehört, die Häuser anderer Leute aufzusuchen, dennoch suchten ihn viele andere auf. In jeder angesehenen Familie, außer in seiner eigenen Familie, der Familie Im Hoff, wurden sie zu ihm gebracht, wo auch immer ein männliches Kind oder eine Magd aufwuchs; aber von allen gab es nur zwei, die es wagten, ohne Furcht zu ihm zu kommen. Das waren mein Bruder Herdegen und Ursula Tetzel; und während meiner gesamten Jugendzeit war sie die einzige Seele, die meine völlig ausschloss.

Dennoch muss ich der Gerechtigkeit halber gestehen, dass sie zu einer beliebten Jungfrau herangewachsen ist. Außerdem war sie der einzige Spross eines reichen und adligen Hauses. Sie verließ die Schule ein Jahr vor Ann und mir, und danach war ihr Vater, ein hochmütiger und mürrischer Mann, der seine Frau, ihre Mutter, schon vor langer Zeit verloren hatte, stolz darauf, ihr die Kleidung zu geben, die ihrer Tochter geziemt hätte eines Grafen oder eines Kurfürsten. Und die Brokatgewänder, die feinen Pelze und die kostbaren Ketten und Spangen, die sie trug, schmückten ihre erhabene, runde Gestalt überaus gut, und sie beherrschte sie so hochmütig, dass der ehrwürdige Stadtrat sich dazu bewegte, eine Anordnung gegen allzu viel Prunk im Frauenkleid zu erlassen .

Sie war wahrlich das letzte Mädchen, das ich mir als Herrin des „ Schopperhofs “ nach Hause hätte wünschen können, und dennoch wusste ich schon, bevor mein Bruder aufs Gymnasium ging, dass unser Großonkel damit rechnete sie und ihn einander zur Ehe geben. Auch Meister Tetzel zeigte auf sie, wenn sie so hoch und anmutig nebeneinander standen, als wären sie ein Paar; und dieser alte Mann, dessen Gesicht so grau und kalt und farblos war, wie alles um seine Tochter hell und fröhlich war, erniedrigte sich mit völliger Demut und Ehrerbietung gegenüber dem Jungen, der aus diesem Grund kaum den ersten Flaum auf seiner Lippe und seinem Kinn zeigte er betrachtete ihn, den Erben seines Großonkels, als seinen eigenen Schwiegersohn.

Es war sicherlich vielen bekannt, dass der reiche alte Im Hoff der Heiligen Kirche große Stiftungen hinterlassen wollte, und es schien mir lobenswert und weise , dass er alles in seiner Macht Stehende tun sollte, um die Gebete der Seligen zu gewinnen Jungfrau und die lieben Heiligen; denn die böse Tat, die ihn von einem schneidigen Ritter in einen einsamen Büßer verwandelt hatte, könnte durchaus eine Qual auf seiner armen Seele lasten. Ich werde hier in Kürze alles wiederholen, was ich selbst darüber wusste.

In seinen jungen Jahren hatte mein Großonkel wirklich seinen Kopf erhoben und so viel von seinem Wappen und seinen ritterlichen Vorfahren gehalten, dass alle bürgerlichen Würden als eine Kleinigkeit verachtet wurden. Während in der Mitte des vorigen Jahrhunderts alle Städte per Reichsgesetz verboten waren, Turniere abzuhalten, ging er an den Hof, wurde von Kaiser Karl zum Ritter ernannt und erlangte Ruhm und Ehre durch viele geschickte Lanzenhiebe. Seine überaus männliche Schönheit verschaffte ihm Gunst bei den Damen, und da er das Edle und Ritterliche allen anderen Anmut vorzog , wollte er keine Tochter Nürnbergs heiraten, sondern das mittellose Kind des Barons von Frauentrift . Aber mein Großonkel hatte eine böse Entscheidung getroffen; seine Frau war jähzornig und voller Einbildungen. Wenn Fürsten und große Herren in unsere Stadt kamen, waren sie stets bereit, im großen und reichen Haus der Im eine Unterkunft zu finden Hoffs ; aber dann würde sie zulassen, dass sie ihr den Hof machen, und ihnen größere Freiheiten gewähren, als es der anständigen Ehre eines Nürnberger Bürgerhauses gebührt. Als einmal mein Herr, der Herzog von Bayern, mit einer zahlreichen Gesellschaft in ihrem Hause lag, schürte ein feiner junger Graf, der der Frau meines Großonkels den Hof gemacht hatte, als sie noch eine Magd war, seine Eifersucht aufs Feuer; Und eines Abends, zu später Stunde, als seine Frau noch nicht von einigen Freunden nach Hause gekommen war, hörte er, als es hereinbrach, ein Geräusch und ein Flüstern von Stimmen unter ihrer Unterkunft, im Hof, in dem sich all die Truhen und Ballen dieser Leute befanden wurden verliehen. Er stürmte außer sich hinaus; Und während er in den Hof schrie und keine Antwort erhielt, stieß er mit seinem blanken Schwert willkürlich nach rechts und links zwischen die Truhen, von denen er die Stimmen gehört hatte, und ein kläglicher Schrei warnte ihn, dass er zugeschlagen hatte. Dann ertönte das Jammern einer Frau; und als die Gutsherren und Freibauern mit Fackeln und Laternen hervorkamen, konnte er sehen, dass er Ludwig Tetzel, Ursulas Onkel, einen jungen, unverheirateten Mann, getötet hatte. Er hatte sich in den Hof geschlichen, um ein Rendezvous mit der schönen Tochter des Waagemeisters im Im zu halten Hoffs ' Handelshaus und das Liebespaar waren in ihrer Angst vor dem Meister seinem Ruf nicht gefolgt, sondern hatten sich hinter das Gepäck geschlichen. So war mein Großonkel durch schlechte Führung zum Mörder geworden, und die Richter brachen ihren Stab wegen ihm; Da er jedoch die Todestat freimütig gestand und sie ohne böse Absicht begangen hatte, begnügten sie sich damit, ihm eine Geldstrafe zahlen zu lassen. Aber einige sagten, sie hätten dem Henker ebenfalls befohlen, eine Galgenschnur hinter seiner Haustür festzunageln; andere behaupteten vielmehr, er habe die Buße auf sich genommen, Tag und Nacht eine solche Kordel um den Hals zu tragen.

Als sie die Tetzels selbst berührten, machten sie keinen Anspruch auf Blut geltend; und dafür war er ihnen sein ganzes Leben lang so dankbar, dass er ihnen sein Wort gab, dass er Ursula in seinem Testament nennen würde; wohingegen er den Im jemals gehasst hat Hoffs bis zum Ende, danach berieten sie, denen er durch sein eigenwilliges und hochmütiges Temperament so viel Ärger bereitet hatte, nach dem Urteil, ob es ihnen gebühre, ihn nicht ihres guten alten Namens zu berauben und ihn von ihrem Namen zu verdrängen Verwandtschaft. Nur vier gegen drei sprachen sich für ihn aus, und das konnte sein hochmütiger Geist so schlecht ertragen, dass kein Im Hoff es wagte, seine Schwelle zu überschreiten, obwohl der eine und der andere oft danach strebte, seine Gunst zurückzugewinnen.

Seine Frau tröstete ihn in seiner Trauer kaum, denn als er des Totschlags für schuldig befunden wurde, verließ sie ihn, um an den Hof des Kaisers nach Prag zurückzukehren, und dort starb sie nach einer wilden Jagd, der sie im Gefolge von König Wenzel gefolgt war, während sie war noch nicht über ihre Jugend hinaus.

KAPITEL V.

Drei Jahre waren vergangen , seit Herdegen zum ersten Mal das Gymnasium besucht hatte, und wir hatten ihn erst ein paar Wochen am Ende des ersten Jahres gesehen, als er auf dem Weg von Erfurt nach Padua war. In den Briefen, die er von dort schrieb, gab es immer einen Gruß an Herrin Anna, und oft gab es ein paar griechische Worte für sie und mich; Doch da er genau wusste, dass sie allein solche Nüsse knacken konnte, lud er mich nur zum Fest ein, wie der Fuchs den Storch. Während er bei uns war, erniedrigte er sich mir und ihr gegenüber immer wie ein wahrer und liebevoller Bruder, wenn er nicht in der Waffenschule war und zum Erstaunen der Ritter und Adligen seine wundersame Geschicklichkeit im Umgang mit dem Schwert unter Beweis stellte. die er in der High School bekommen hatte. Und während dieser kurzen Zeit sprach er mehrmals von Ursula, zeigte aber deutlich genug, dass er jegliche Freude an ihr verloren hatte .

Er hatte in Erfurt nur die Hälfte dessen gefunden, was er suchte, hielt es aber für reif, nach Padua zu gehen; denn nur dort, dachte er – und Magister Peter sagte das Gleiche – könnte er das wahre Mahlgut für seine Mühle finden. Und als er uns erzählte, was er an diesem Ort zu erreichen hoffte, konnten wir sein Urteilsvermögen nur loben und wünschten ihm viel Erfolg und dass er von dieser berühmten italienischen Schule als Koryphäe der Gelehrsamkeit nach Hause kommen möge. Als ich bei seiner Abreise sah, dass es Ann nicht besser ging als mir, sondern dass sie sehr traurig aussah, dachte ich, das läge an der Krankheit, die ihren guten Vater seit einiger Zeit hin und wieder befallen hatte. Auch Kunz hatte die Schule verlassen und konnte sich nicht darüber beschweren, dass das Lernen zu sehr auf seinem leichten Herzen und seinem fröhlichen Geist lastete. Er absolvierte nun seine Lehre im Betrieb unseres Großonkels, und während der Verkehr hauptsächlich mit Venedig ablief, sollte er mit aller Sorgfalt die italienische Sprache lernen. Unser Magister, der sich darin gut auskannte, unterrichtete ihn darin und war, wie bisher, sehr zufrieden, bei uns zu sein. Cousine Maud würde niemals zulassen, dass er ging, denn es war ihr zur Gewohnheit geworden, sich um ihn zu kümmern; Allerdings kann mancher die Anwesenheit eines Menschen, der Hilfe braucht, weniger leicht ertragen als die Anwesenheit eines Menschen, der selbst von Nutzen und Dienst ist.

Meister Peter selbst bediente Dame Giovanna oft unter dem Vorwand , sich in der italienischen Sprache zu üben. Wir unsererseits erinnerten uns an die Fabel vom Sack und dem Esel und lachten; während Ann sich in ihre Dachkammer zurückzog, als der Magister kam; und sie konnte es nie übersehen, denn kein Menschensohn schlug jemals so schwach zu wie er mit dem Türklopfer.

So vergingen die Jahre, in denen wir von Kindern zu Mädchen heranwuchsen, in purem Frieden und Freude. Cousine Maud erlaubte uns alle Freizeitbeschäftigungen und Freuden; Und wenn ihr Gesicht manchmal weniger zufrieden war, dann lag das nur daran, dass ich den Wunsch hatte, einen längeren Rock zu tragen, als sie für meine zarten Jahre passend fand, oder dass ich mich beim Reiten in der Reitschule oder auf freiem Feld als übervoreilig erwies .

Meine enge Freundschaft mit Ann brachte mich dazu, viele andere und bessere Dinge zu feiern und zu genießen; und darin unterschied ich mich von den Jungfrauen einiger Adelsfamilien, die bis zum heutigen Tag in ihren eigenen Ständen in der Kirche sitzen, abgesehen von denen, die kein Wappenschild haben. Aber tatsächlich war Ann ein Ehrengast in vielen herrschaftlichen Häusern, in denen unsere Schul- und Spielkameraden wohnten.

An Sommertagen gingen wir manchmal auf den Hof von uns Schoppern außerhalb der Stadt oder zu Jörg Stromer, unser würdiger Cousin in der Mühle, in der Papier hergestellt wird; und am heiligen Pfingsten ritten wir zum Hof Laub , den seine Schwester, Dame Anna Borchtlin, durch das Erbe ihres Vaters besaß. Dennoch und trotz allem, was es in der Papierfabrik zu sehen und zu lernen gab, und so sehr ich die gute frische Butter und das [illegible] Hausbrot und die Schmalzkuchen genoss, mit denen Dame Borchtlin uns erheiterte, mein Herz liebte es am meisten der grüne Wald, in dem unser Onkel Conrad Waldstromer lebte , Vater meines Cousins Götz , der noch weit im Ausland war.

Da ich nun viel über diesen beliebten Verwandten und seine Verwandten und Verwandten zu erzählen haben werde, erlaube ich mir hier zu erwähnen, dass alle Stromers von einem bestimmten Ritter, Conrad von Reichenbach, abstammen, der einst von ihm abstammte seine Burg Kammerstein , nahe Schwabach , bis nach Nürnberg. Dort hatte er eine Tochter der Familie Waldstromer geheiratet , und die Kinder und Enkelkinder, die aus dieser Ehe hervorgingen, hießen alle Stromer oder Waldstromer . Und der Stil Wald-Stromer ist darauf zurückzuführen, dass dieser Zweig seit langem die Würde eines Waldläufers des großen Waldes innehatte, auf den Nürnberg bis heute stolz ist. Aber am Ende des letzten Jahrhunderts hatte die Gemeinde die Ämter und Würden, die ihr durch Erbschaft zukamen, sowohl von Waldstromer als auch von Eke von Koler , dem zweiten Ranger, gekauft; obwohl der ehrwürdige Rat niemand anderem als einem Waldstromer oder einem Koler die Pflege seiner Wälder anvertraute; und in meinen jungen Tagen war unser Onkel Conrad Waldstromer Oberförster und ein wirklich mutiger Jäger.

Wann immer er unsere Schwelle überschritt, kam es mir vor , als ob der frische und wohltuende Hauch von Kiefernwäldern in der Luft läge; Und als er mir seine Hand reichte, tat es meiner weh, so fest, stark und liebevoll war sein Griff, und sein Herz war dasselbe, das alle Menschen sehen konnten. Sein dichtes, rotgoldenes Haar und sein Bart mit schneeweißen Strähnen, seine hellen, flachsblauen Augen und sein grünes Förstergewand mit hohen braunen Stiefeln und einer Mütze aus Otterfell, geschmückt mit der Feder eines Vogels, den er getötet hatte – alles das verlieh ihm ein seltsames, fröhliches und farbenfrohes Aussehen. Und als der tapfere Mann mit seinem Kleiderbügel und dem Jagdmesser am Gürtel hervortrat, gefolgt von seinen Hunden und Dachshunden, hätten andere Kinder vielleicht Angst gehabt, aber für mich gab es manchmal keinen schöneren Anblick als diesen schrecklichen Anblick - aussehender Förster, der neben Cousin Gotz' Vater war.

Nun, am zweiten Sonntag nach Pfingsten, als alle Apfelblüten verwelkt waren, kam mein Onkel in die Stadt, um mich und meine Cousine Maud noch einmal in die Waldhütte einzuladen; denn er wohnte dort von einer Frühlingsflut bis zur nächsten, obwohl er dem Rat verpflichtet war, ein Haus in der Stadt zu behalten. Ich war fast siebzehn Jahre alt; Ann war schon über siebzehn, und ich hätte meine Freude genauso offen zum Ausdruck gebracht wie bisher, aber das lag mir irgendwie am Herzen, und das betraf meine Ann. Sie war nicht so, wie sie es gewohnt war; Sie litt unter Kopfschmerzen und das Blut war aus ihren frischen Wangen geflossen. Ja, im schlimmsten Fall war sie ganz blass, und ihr Anblick schmerzte mich tief ins Herz, und so stimmte ich gern zu, als Cousine Maud sagte, dass das kleine Haus am Fluss ihr Unheil zufügte und die schmerzliche Sorge um sie taub sei -stummer Bruder und die anderen Kleinen, und dass es ihr an frischer Luft mangelte. Und tatsächlich haben ihre eigenen Eltern es nicht versäumt, es zu markieren; aber es fehlten ihnen die Mittel, den Befehlen des Blutegels zu gehorchen und Ann eine gute Chance auf einen Wechsel an die frische Waldluft zu geben.

Als mein Onkel sein Gebot abgegeben hatte, wagte ich es, ihn mit überredenden Worten anzuflehen, er möge sie bitten, mit mir zu gehen. Und wenn irgendjemand denken sollte, dass es nur eine leichte Sache sei, von einem gutherzigen alten Mann zu verlangen, dass er für eine Weile ein schönes junges Mädchen in einem großen und wohlhabenden Haus beherbergt, wird er sich insofern irren, als mein Onkel es war pflegt zu jeder Zeit und an jedem Ort zuerst Rücksicht auf das Wohlwollen und Wohlgefallen seiner Frau zu nehmen.

Diese Dame war eine Behaim , von der gleichen edlen Rasse wie meine Mutter, die Gott beschütze; und welchen großen Stolz sie auf ihr altes und edles Blut hatte, hatte sie in der Angelegenheit der Liebesheirat ihres Sohnes deutlich bewiesen. Diese Angelegenheit hatte die Seele seines Vaters in Wahrheit nicht weniger schwer getroffen, aber er hatte geschwiegen, insofern er sich nie dazu durchringen konnte, der Herr über seine Frau zu sein; obwohl er in anderen Angelegenheiten ein strenger und gründlicher Mann war; nein, ein recht strenger Herr, der die Schar der Förster und Steinhauer, Wärter und Treiber, Imker und Holzfäller, die ihm unterstanden, mit Klugheit und Strenge regierte . Und doch war meine Tante Jacoba eine schwache, kränkliche Frau, die selten hinausging, um Gottes frische Luft im herrschaftlichen Wald zu genießen, da sie ihre Füße nicht mehr bewegen konnte, so dass sie vom Lager zum Bett getragen werden musste.

Mein Onkel kannte sie sehr gut, und er wusste, dass sie ein gutes und erbärmliches Herz hatte und darauf bedacht war, ihresgleichen Gutes zu tun; Dennoch sagte er, dass seine Macht über sie nicht so weit gehen würde, dass sie das Kind eines Schreibers in ihr Adelshaus aufnehmen und sie als Gleichberechtigte bewirten würde. So widerstand er meinen innigsten Gebeten, bis er so viel gewährte, dass Ann kommen und für sich selbst sprechen sollte, andernfalls sollte er jemals das Haus verlassen.

Als sie meine Cousine und mich eilig begrüßt hatte und Cousine Maud ihr gesagt hatte, wer mein Onkel war, ging sie in ihrer anständigen Art auf ihn zu, machte einen Knicks und streckte ihm, kein bisschen beschämt, die Hand entgegen, während ihre großen Augen zu sehen waren blickte liebevoll zu ihm auf, da sie von mir alles Gute an ihm gehört hatte.

Daraufhin sah ich im Gesicht des alten Försters, dass er meiner Ann „auf der Spur“ war – um seine eigenen Worte zu verwenden –, also fasste ich mir wieder Mut und sagte: „Na, kleiner Onkel?“

„Nun“, sagte er langsam und zweifelnd. Doch plötzlich hob er Anns Kinn, blickte ihr ins Gesicht und sagte: „Sicher, ganz sicher! Pfirsiche bekommen sie .“ Rote Wangen sind besser dort, wo wir wohnen, als hier zwischen Steinmauern.“ Und er zog seinen Gürtel herunter und ging schnell weiter, als würde er weinen, dass er seine hastigen Worte vielleicht bereuen müsste: „Margery soll unser willkommener Gast draußen im Wald sein ; und wenn sie dich mitbringen sollte, Kind, bist du willkommen.

Ich brauche hier auch nicht darzulegen, wie gern das Gebot angenommen wurde; und Anns Eltern waren mehr als zufrieden, sie gehen zu lassen. Von da an hatten Cousine Maud, unsere Hausmädchen und Beata, die Schneiderin, genug zu tun; denn sie hielten es für eine Freude, sowohl Ann als auch mich auszurüsten, da sich viele edle Gäste im Waldhaus befanden, besonders an St. Huberts Tag, wenn immer eine große Jagd stattfand.

Dame Giovanna, Anns Mutter, war in der Tat stets vornehm gekleidet und trug stets eine hübschere und reichere Kleidung für Ann als andere ihres

Standes; Dennoch war sie sehr zufrieden mit der Sommerferienkleidung, die Cousine Maud für uns angefertigt hatte. Ebenso wurde für jeden von uns ein grünes, für den Wald geeignetes Reitkleid aus gutem Florentiner Stoff angefertigt; und wenn jemals zwei junge Mädchen mit freudigem und dankbarem Herzen in die schöne, sonnige Welt ritten, waren wir diese Mädchen, als wir uns am Morgen des Tages der Heiligen Margarete – [dem 13. Juli, altmodisch] – verabschiedeten und aufstiegen Auf unseren Sätteln folgte Balzer, der alte Förster, den mein Onkel mit vier bewaffneten Männern zu Pferd geschickt hatte, um uns zu begleiten, und zwei Lasttieren, um Susan und die „Frauenausrüstung" zu tragen.

Als wir zu dieser frühen Stunde über die Felder hinausritten und den Lerchenberg singen sahen, erhoben auch wir unsere Stimmen und hörten nicht auf zu singen, bis wir den Wald betraten. Dann wandten sich unsere Gedanken in der taufrischen Stille der Hingabe und einer Sabbatstimmung zu, und wir sprachen nicht über das, was in unseren Gedanken vorging; Nur einmal – und es scheint, als könnte ich sie jetzt hören – kamen diese einfachen Worte aus Anns Herzen auf ihre Lippen: „Ich bin so dankbar!"

Und ich war in dieser Stunde von ganzem Herzen dankbar; und wie die großen Hügel der Alpen ihre Häupter mit reinem Schnee bedecken, je näher sie dem Himmel kommen, so sollte jeder gute Mann und jede gute Frau, wenn er in einer glücklichen Stunde die Barmherzigkeit Gottes nahe spürt, sein Herz mit reiner und freudiger Dankbarkeit schmücken.

Schließlich erreichten wir ein von hohen Bäumen umgebenes Grundstück vor einer Imkerhütte, und während wir dort waren und uns mit frischer Milch und dem Vorrat, den Cousin Maud in unsere Satteltaschen gesteckt hatte, erfrischten, hörten wir das Bellen von Hunden und Hufgetrappel, und schon bald hieß uns Onkel Conrad willkommen.

Er war sehr froh, uns auf ihn warten zu lassen, und kam mit einem Willen dazu; aber er ließ uns früher wieder aufbrechen, als es uns gefiel, und als wir weiterkamen, hallte der alte Wald von manch fröhlichem Scherz und viel Gelächter wider. Für Ann schien es, als ob mein Onkel erst jetzt Augen und Ohren für das Geheimnis des Waldes öffnete, das Götz mir vor vielen Jahren gezeigt hatte. Wie viele Vogelpfeifen hat er ihr beigebracht, die sie bisher noch nie markiert hatte! Und jedes hatte seine besondere Bedeutung, denn mein Onkel nannte sie alle beim Namen und beschrieb sie; wohingegen sein Sohn sie nachahmen konnte, um das Ohr zu täuschen, indem er zwitscherte, sang, pfiff und rief, jeder nach seiner Art. Zu dem Zweck, dass Ann und mein Onkel lernen sollten, eng zusammenzuarbeiten, habe ich kein Wort in seine Lehre einfließen lassen.

Erst als wir den Rand der Lichtung erreichten, wo die Waldhütte vor dem Schutz der Bäume sichtbar wurde, schwieg mein Onkel; Dann, während er mich aus dem Sattel hob, fragte er mich leise, ob ich Ann bereits auf das seltsame Verhalten meiner Tante aufmerksam gemacht hätte. Das konnte ich ihm sagen, dass ich es tatsächlich getan hatte; Dennoch sah ich an seinem Gesicht, dass es ihm nicht leicht fallen würde, Ann zu seiner Frau zu führen, und hatte erfahren, dass die Magd in ihren Augen eine solche Gunst gefunden hatte, dass in Wahrheit weder er noch ich es zu hoffen wagten. Aber mit welcher süßen Würde küsste die Tochter des Angestellten der etwas strengen Dame die Hand – wie ich es ihr aufgetragen hatte, und wie bescheiden, wenn auch mit gebührender Selbstachtung, ging sie durch die Inquisition der Dame Jacoba . Ich für meinen Teil hätte allzu schnell die Geduld verloren, wenn man mich auf diese Weise nur über mich selbst betreffende Fragen befragt hätte; Aber Ann blieb bis zum Schluss ruhig und sprach gleichzeitig so offen, als wäre der Inquisitor ihre eigene Mutter gewesen. Das löste in mir tatsächlich ein wenig Angst aus; Denn obwohl ich ebenfalls an der Wahrheit festhalte, schien es mir ein Zeichen von mangelnder Klugheit und Weitsicht zu sein, so freimütig und offen alles zu entdecken, was in ihrem Zuhause arm war oder fehlte; insofern es selbst dort vieles gab, was in der Wohnung des reichsten Mannes nicht besser oder würdevoller sein könnte. In Wahrheit gab es meines Wissens nach nicht das kleinste Ding in dem kleinen Haus am Fluss, für das sich ein tugendhaftes Mädchen schämen müsste. Aber nachts gestand mir Ann in unserem Schlafzimmer, dass sie es als eine Gunst des Glücks [illegible], dass sie sich sofort der großen Dame entblößen durfte, die so ungern ihre Türen geöffnet hatte sie, genau das, was sie war und zu wem sie gehörte.

„Von meiner Gastgeberin als unwürdig erachtet zu werden", sagte sie, „wäre schwer zu ertragen gewesen; aber während sie wirklich daran interessiert war, mich, eine einfache Magd, zu befragen, und ich nichts verheimlicht habe, ist zwischen uns alles klar und deutlich." ."

Meine Tante dachte zweifellos ähnlich; denn sie war eine ehrliche Frau, und Anns ehrliche, feste und dennoch sanfte Art hatte ihr Herz gewonnen. Und doch, da sie in ihren Ansichten eng war und es für mich und meine Verwandten unziemlich finden musste, eine Magd niedrigerer Herkunft als eine von uns aufzunehmen, beteuerte sie energisch, dass Anns würdiger Vater als Chefsekretär in der Kanzlei dies tun könnte Anspruch darauf, als Mitglied des Rates angesehen zu werden. Nie hätte sie, wie sie zu meinem Onkel sagte, zugelassen, dass die Tochter eines Arbeiters ihre Schwelle überschreitet, während sie nicht allein an ihrem Tisch, sondern in ihrem Herzen einen großen Platz für diese sanfte Tochter eines würdigen Mitglieds des verehrten Rats einnahm .

Und diese Rede war gut für meine Ohren und die meines Onkels Conrad; Aber das Beste von allem war, dass Ann mich bereits nach ein oder zwei Wochen in der Liebe, die meine Tante mir zuvor entgegengebracht hatte, vollständig verdrängen würde; Von da an kümmerte sich Ann eifrig um die kranke Dame, und diese liebevolle Pflicht gewann ihr mehr und mehr die Liebe meines Onkels, der seine schwache, leidende Frau sehr belastet vorfand, und das im einfachsten Sinne des Wortes, seitdem, wann auch immer Er mochte zu Hause sein, sie würde nicht zulassen, dass ein anderes Wesen sie von einem Ort zum anderen trug.

Während Onkel Conrad Ann beigebracht hatte, die verschiedenen Stimmen des Waldes zu hören, öffnete sie mir auch die Augen für die vielen Tugenden meiner Tante, die ich bisher aus Zorn auf sie vor meinen eigenen Augen verborgen gehalten hatte Härte zu meinem Cousin Götz .

Ann hatte in ihrem Mitgefühl und ihrer Dankbarkeit wirklich gelernt, sie zu lieben, und sie ließ mich nun erkennen, dass sie in vielerlei Hinsicht eine recht weise und gute Frau war. Ihr niedriges, geschütztes Lager in der friedlichen Kaminecke war sozusagen der Mittelpunkt eines weiten Netzes, und sie selbst war die Spinnenfrau, die es gesponnen hatte, denn in Wahrheit erstreckte sich ihr guter Rat über den gesamten Wald und vor allem die groben Handlanger ihres Mannes. Sie kannte den Namen jedes Kindes in den entferntesten Wärterhütten, und sie ließ nie zu, dass eines der Waldbewohner unschuldig starb . Sie war in der Tat gezwungen, mit anderen Augen zu sehen und mit anderen Händen als ihren eigenen zu geben, und trotzdem half sie immer dort, wo sie am nötigsten war, da sie ihre Boten gut wählte und allen, die sie suchten, ein Ohr schenkte.

Sie fand bald Arbeit für uns und ließ uns so manche Samariteraufgabe erledigen; und oft haben wir uns über die Geschicklichkeit gewundert , mit der sie ihr Netz webte, und über die Weisheit, die mit ihrer großzügigen Großzügigkeit einherging.

Niemand sonst hätte einen Platz in den großen Büchern finden können, die sie mit ihren Aufzeichnungen füllte; Aber für sie waren sie so klar, dass selbst das schlaueste Handwerk zunichte gemacht wurde, als sie sie untersuchte. Meines Wissens hat nie eine Menschenseele, ob Herr oder Mann, auch nur im Geringsten Nein zu ihr gesagt, und dies war ein Vorwand für den einzigen Fehler, der mich bisher gegen sie aufgebracht hatte.

Für Ann war hier alles neu; Und was könnte entzückender sein, was könnte mir größere Freude bereiten, als einer geliebten Freundin alles Bemerkenswerte und Angenehme und mir Bekannte zeigen zu können und ihr den Nutzen und Zweck jedes Einzelnen mitzuteilen Ding. Dabei standen mir immer zwei Männer zur Seite: Onkel Konrad und der junge Freiherr von Kalenbach , ein Schwabe, der als Schüler meines Onkels gekommen war, um Forstwirtschaft zu erlernen.

Derselbe junge Baron war ein schlanker, wohlgewachsener und nicht ungünstiger Bursche; aber es schien, als wären seine Lippen verschlossen, und wenn ein Mann den Klang seiner Stimme hören und von ihm ein „Ja“ oder „Nein“ bekommen wollte, blieb ihm keine andere Möglichkeit, als ihm eine klare Frage zu stellen. Sein Auge hingegen war voller Worte, und als ich kaum mehr als drei Wochen in der Lodge war, sagte es mir, so oft es nur ging, dass er tief in mich verliebt war; ja, er erzählte dem ehrwürdigen Kaplan mit so vielen Worten, dass sein erster Wunsch darin bestand, mich als seine Frau nach Schwaben mitzunehmen, wo er reiche Ländereien besaß.

Ich hätte nie „Ja“ zu ihm gesagt , obwohl ich ihn sehr mochte; Ich habe es ihm auch nicht verheimlicht; ja, in der Tat, hin und wieder habe ich ihm vielleicht Mut gemacht, wenn auch wirklich ohne böse Absicht, da mir die Geschichte, die seine Augen mir erzählten, nicht schlecht gefiel. Und ich war damals noch ein junges Ding und wusste noch nicht, dass eine Magd, die einem Verehrer Hoffnung macht, obwohl sie keine Lust hat, ihn zu hören, einer Sünde schuldig ist, die schwer genug ist, um viel Kummer und Kummer hervorzurufen. Erst nachdem ich eine Lektion erhalten hatte, die mir viel zu früh zuteil wurde, schenkte ich solchen Dingen Beachtung; und die Zeit war gekommen, in der Männer mehr an mich dachten, als ich für angebracht hielt.

Da ich so weit gegangen bin, dies zu Papier zu bringen, werde ich, eine inzwischen alte Frau, meine Schüchternheit beiseite legen und offen gestehen, dass sowohl Ann als auch ich zu dieser Zeit beliebt und gut anzusehen waren.

Ich war größer und kräftiger gebaut, während sie schlanker und geschmeidiger war; und für ihre sanfte Süße habe ich sie noch nie gesehen. Ich war rosa und weiß, und mein goldenes Haar war nicht weniger fein als das von Ursula Tetzel; Wer aber wissen möchte, was uns in unserer Jugend erwarten würde, der möge unsere Porträts betrachten, vor denen jeder von euch schon oft gestanden hat. Aber ich höre auf, von solch dummen Dingen zu reden und komme jetzt zum Punkt.

Obwohl in der Forest Lodge an den meisten Tagen gewöhnliche Kleidung gut genug war, hatten wir manchmal Gelegenheit, unseren Mut zu zeigen, denn hin und wieder gingen wir mit meinem Onkel oder mit dem Junker auf die Jagd, zu Fuß oder zu Pferd oder mit einem Falken auf die Jagd Falke am Handgelenk. An diesen edlen Vögeln mangelte es nicht, und der tapferste von allen, ein Falke aus Island jenseits der Meere, hatte Seyfried von dort gebracht Kubbeling von Braunschweig. Derselbe seltsame Mann, der mein richtiger guter Freund war, hatte mir jetzt den Umgang mit einem Falken beigebracht, und ich konnte meinem Onkel helfen, meinem Freund diese Kunst beizubringen.

Ich ging nur selten auf die Jagd, weil Ann es liebte, nicht immer, nachdem sie einen der besten Hunde im Rudel mit ihrem Pfeil getroffen hatte; und es muss meinem Onkel gutgetan gewesen sein, ihr einen solchen Schuss zu verzeihen, denn die Hunde lagen ihm nur weniger am Herzen als seine engsten Verwandten. Sie mussten ihm vieles wettmachen, was ihm fehlte, und als er in ihrer Mitte stand, sah er um sich herum, auf vier Beinen jaulend und bellend, fast alles, was er seit seiner Kindheit für das Bemerkenswerteste gehalten hatte. Sie trugen zwar Namen, die nicht mehr als ein oder zwei Silben lang waren, aber jeder hatte seinen Sinn. Sie waren größtenteils der Anfang eines Wortes, das ihn an etwas erinnerte, an das er sich gern erinnern wollte. Zuerst hatte er aus Spaß einige von ihnen nach den metrischen Füßen der lateinischen Verse benannt, mit denen er in seiner Schulzeit nur schlechte Freunde gehabt hatte, und in seinem Zwinger gab es einen Troch, einen Iamb, einen Spond und einen Dact , deren vollständige Namen er trug waren Trochee, Iambus, Spondee und Dactyl. Nun war Spond der größte und schwerste der Wolfshunde; Anap , zu Recht Anapaest , war ein schlanker und schneller Windhund; und obwohl er diesen Zeitvertreib mit Namen als guten Spaß empfand, führte er ihn weiter aus. So kam es, dass die geistlosen Kreaturen, die seine Einsamkeit teilten, ihn an viele angenehme Dinge erinnerten. Einer von zwei flotten Bluthunden, die jemals aneinander angeleint waren, wurde Nich genannt , der andere Syn, in Erinnerung daran, dass er am Fest des Heiligen Nikodemus verlobt und am Tag des Heiligen Synesius geheiratet worden war. Ein edler Hund namens Salve, oder wie wir Willkommen sagen sollten, erzählte ihm von der Geburt seines Erstgeborenen, und jeder Hund hatte in gleicher Weise einen Namen von irgendeiner Bedeutung; Daher empfand Ann es durchaus nicht als übel, dass er einen schönen jungen Setter nach ihrem Namen nennen sollte. Es gab schon lange ein Gred , kurz für Margaret.

Trotzdem verbrachten wir viel mehr Zeit damit, die Kranken zu sehen, zu denen meine Tante uns auf ihren Botengängen schickte, als mit Schießen oder Reiherjagden. Den kleinen Korb, den wir tragen sollten, packte sie immer mit ihren eigenen Händen, und es gab nie eine Medizin, die sie nicht vermischte, noch ein Kleidungsstück, das sie nicht ausgesucht hatte, noch ein Proviant, das sie nicht für geeignet befunden hatte gesendet an.

So schmerzte es uns oft in der Seele, Not und Schmerz in dunklen Kammern auf armseligem Stroh liegen zu sehen, obwohl wir Dank und wahre Freude ernteten, als wir sahen, dass Heilung und Erleichterung unseren Schritten folgten. Und was mir als die lobenswerteste Gnade meiner Tante Jacoba erschien , war, dass sie, obwohl sie nie den herzlichen Dank derer hören konnte, die sie getröstet und geheilt hatte, dennoch bis ans Ende ihrer Tage nicht aufhörte, sich um die Armen zu kümmern Die Leute im Wald sind sehr mütterlich.

Meine Ann war für eine solche Arbeit nie geschaffen, da sie es nie ertragen konnte, Blut oder Wunden zu sehen; Doch gerade in dieser Krankenpflege hatte ich Grund zu erkennen und zu verstehen, wie stark der Geist dieser zerbrechlichen, schlanken Blume war.

Da ein gewisser Feldarzt namens Haberlein gestorben war, gab es in der Forsthütte keinen Blutegel, sondern meine Tante und den Kaplan, einen Mann mit wenigen Worten, aber gut ausgebildet in guten Werken und einen recht frommen Diener des Herrn , waren Jünger Galens, und der Blutegel aus Nürnberg kam einmal in der Woche, jeden Dienstag; und seit dem Tod des Doktors Paul Rieter , den ich erwähnt habe, war es sein Nachfolger Meister Ulsenius . Seine Pflicht war es, sich um die kranke Herrin zu kümmern, und auch um alle anderen Kranken, wenn sie es brauchten; und dann war es unsere Aufgabe, auf dem Blutegel zu warten, und meine Tante brachte uns gewissenhaft bei, wie man Heilmittel oder Verbände richtig anwendet.

Das erste Mal wurden wir zu einer Beerenpflückerin eingeladen, die von einer Kreuzotter in den Zeh gestochen worden war; Und als ich mich an die Arbeit machte, um die Wunde zu waschen, wie meine Tante es mir beigebracht hatte, wurde Ann weiß wie ein Leinentuch. Und obwohl ich sah, dass sie fast ohnmächtig war, wollte ich ihre Hilfe nicht haben; aber sie half trotzdem, obwohl sie den Atem anhielt und ihr Gesicht halb abwandte. Und so tat sie es immer mit Wunden; aber sie hat jemals die Strafe für die Gewalt bezahlt, die sie selbst begangen hat. Als es fiel, kam Meister Ulsenius eines Tages in den Wald, als die Dienerin meiner Tante auf einer Pilgerfahrt nach Vierzelmheiligen war und mein Onkel ebenfalls aus dem Weg war, rief uns der Blutegel zu sich, um ihm zu helfen. Dann erfuhr ich, dass ein unerwarteter Sturz mit ihrem Pferd der Grund für die lange Krankheit meiner Tante gewesen war. Sie hatte damals ihrem Rückgrat Schaden zugefügt, und einige Monate später war eine Wunde ausgebrochen, die Teil ihres Schmerzes war.

Als nun alles vorbereitet war, bat Tante Jacoba Ann, die Wunde geschlossen zu halten, während Meister Ulsenius die Leinenbänder nass machte. Ich erinnerte mich an die Schwäche meiner Freundin und näherte mich ihr, um unmarkiert ihren Platz einzunehmen; aber sie flüsterte mit befehlender Stimme: „Nein, verlass mich“, so dass ich deutlich sah, dass sie es ernst meinte, und zog sich wortlos zurück. Und dann sah ich einen edlen Anblick; denn obwohl sie blass war, tat sie, was ihr gesagt wurde, und wandte den Blick nicht von der Wunde ab. Aber ihr Busen hob und senkte sich schnell, als ob ihr eine Gefahr drohte, und ihre Nasenflügel bebten, und ich wollte meine Arme ausstrecken, um sie vor dem Sturz zu bewahren. Aber sie blieb standhaft, bis alles erledigt war, und niemand außer mir war sich bewusst, dass sie dem niederen Feind mit so wahrer Tapferkeit getrotzt hatte.

Von da an hat sie mir stets gute Dienste geleistet, ohne zurückzuschrecken; Und wann immer ich danach eine hasserfüllte Pflicht zu erfüllen hatte, von der ich glaubte, dass ich mich nie dazu durchringen würde, sie zu erfüllen, erinnerte ich mich daran, wie Ann die Wunde meiner Tante hielt. Und aus all dem erwuchs der gute Spruch: „Wer will, der kann" – den die Kinder gerne meinen Leitspruch nennen.

LESEZEICHEN DES ETEXT-HERAUSGEBERS:

Da jedes Wort direkt aus ihrem Herzen kam.
Sei vorsichtig, wie mitfühlend sie sind. Hüte dich davor, dass Satan dich untätig findet! Habe Fantasie in meine Freizeitbeschäftigungen einfließen lassen. Ihr eigenes gerechtes Los mit dem bösen Los anderer vergleichen. Glaube und Wissen sind Dinge für sich. Fliehe vor dem Hass als dem schlimmsten Feind der Seele Wegen dieser Augen hast du alles andere vergessen. Ihre Augen waren wie offene Fenster. Am letzten Tag werden wir für jedes Wort, das wir aussprechen, zur Rechenschaft gezogen werden. Lachen Sie ihn mit freundlichem Spott aus, wie er niemandem schadet. Magd, die einem Verehrer Hoffnung gibt, obwohl sie keine Lust hat, zuzuhören. Mögen sie Vermeiden Sie die Felsen, an denen ich mir die Füße zerschmettert habe. Männer haben mehr an mich gedacht, als ich für angebracht hielt. Kein Mann profitiert von anderen Erfahrungen als seiner eigenen. Eine dieser Frauen, die es nicht ertragen, widerstanden zu werden. Der Gott Amor ist der beste Schulmeister. Wer will, kann es auch -Kinder halten Dienstmädchen für schwach und ungeeignet für echten Sport

9 789359 947082

Printed at Repro India Ltd.